乡村振兴战略之乡村人才振兴

农村电商

史安静　王艳芳　王文合　主编

中国农业大学出版社
·北京·

内 容 简 介

"互联网＋农业"已成为推动经济发展的新引擎，如何尽快搭上农村电商这班快车，已经成为广大农村从业者和创业者的首选项。本书从农村电商面临的形势、机遇与挑战，农村电商的传统平台的使用，自媒体营销方式，农村电商成功者的案例等5个方面介绍了农村电子商务的知识，我们力图通过本书的出版为我国农村经济的发展及乡村振兴目标的实现加油助力！

图书在版编目(CIP)数据

农村电商/史安静，王艳芳，王文合主编．—北京：中国农业大学出版社，2018.7(2020.11重印)
ISBN 978-7-5655-2088-4

Ⅰ.①农… Ⅱ.①史… ②王… ③王… Ⅲ.①农村-电子商务-研究-中国 Ⅳ.①F713.36

中国版本图书馆CIP数据核字(2018)第179830号

书　名 农村电商
作　者 史安静　王艳芳　王文合　主编

策划编辑 林孝栋　　**责任编辑** 韩元凤
封面设计 郑　川
出版发行 中国农业大学出版社
社　址 北京市海淀区圆明园西路2号　　**邮政编码** 100193
电　话 发行部 010-62818525,8625　　读者服务部 010-62732336
编辑部 010-62732617,2618　　出　版　部 010-62733440
网　址 http://www.caupress.cn　　**E-mail** cbsszs@cau.edu.cn
经　销 新华书店
印　刷 北京鑫丰华彩印有限公司
版　次 2018年8月第1版　2020年11月第7次印刷
规　格 850×1 168　32开本　6.875印张　170千字
定　价 28.00元

编委会

前 言

党的十九大首次提出了实施乡村振兴战略，这标志着我国城乡一体化已经进入城乡深度融合的新阶段。2018 年中央的农村工作会议以乡村振兴战略为主线，全面部署了三农工作。担负着让农村生活更方便更美好使命的农村电商，也必然要围绕乡村振兴战略来做新谋划。而当今占据人口约 70%的县以下的农村消费市场仅占全国商品零售总额的 30%左右，在社会经济迅速发展的今天，农村消费市场也正迎来全面升级的历史新机遇，电商的新蓝海日渐凸显，正所谓“风物长宜放眼量”。我国又是一个农业大国，农业在国民经济中处于基础地位，长期以来农业始终是把增产作为主要目标。但是，随着农业产业化的发展，农业产业的低效性、弱质性越来越显得突出，以农产品为代表的“买难卖难”现象屡见不鲜，农产品价格的不稳定不仅严重影响了广大消费者的生活，更是打击了广大农民的生产积极性。究其原因，主要是由于我国农业生产的分散式经营与大市场、大流通不相适应的矛盾，致使生产与销售相脱节。近几年来，“互联网+”的热度持续升高，互联网几乎颠覆了所有的传统领域，继教育、医疗、交通、饮食、娱乐以后，当今农业也站在了“互联网+”的风口上。现在，“互联网+农业”已成为推动我国国民经济发展的新引擎，如何尽快搭上农村电商这班快车，已经成为广大农村从业者和创业者的首选项。正是基于此，我们感受到了历史赋予我们的责任，在借鉴和吸引国内外学者研究成果的基础上，编写了《农村电商》一书，从五个方面介绍了农村电子商务的知识，我们力图通过本书的出版为我国农村经济的发展及乡村振兴目标的实现加油助力！

全书共分5章，第一章介绍了农村电商面临的机遇，主要介绍当前农村电商形势及面临的问题，找出其中蕴藏的商机，提振人们对农村电商的信心；第二章介绍了农村电商面临的机遇与挑战，指出当前农村电商将会带来品牌、服务业、基础投资业等四大产业机遇，还有刷墙、微商、旅游、培训等九大创业机会；第三章简单介绍了农村电商的传统平台——淘宝开店的方法、步骤、交易的流程及注意事项；第四章介绍了微博、微信、微店、微视频这四种自媒体营销方式的特点、运营方式及注意事项；第五章为提振农村电商从业者的信心，向大家剖析了几个农村电商成功者的案例。

编者希望通过阅读本书，能够让农村更多的人投入到电子商务行业中来，为乡村振兴的发展出力，实现自己的财富梦想。不过，因编者水平有限，加之编写时间仓促，书中难免出现不足之处，敬请广大读者批评指正。

编者

2018年7月

目　录

第一章　农村电商——划时代的发展机遇

近几年,“互联网＋”的热度持续升温,互联网几乎颠覆了所有的传统领域,继教育、医疗、交通、饮食、娱乐以后,当今农业也站在了“互联网＋”的风口上。现在,“互联网＋农业”已成为推动我国国民经济发展的新引擎,如何尽快搭上农村电商这班快车,已成为当今农村创业者的首选。

第一节　农村电商的概念和类型

电商的基本类型:电子商务简称“电商”,即利用网络从事商务,大体经历了企业商务、个人市场暴发、企业零售转型三大阶段,可分为八种模式,而电商目前的热点又集中在网络零售市场。主要模式如下:

一、B2B

企业与企业之间的电子商务(Business to Business,B2B)。B2B方式是电子商务应用最多和最受企业重视的形式,企业可以使用Internet或其他网络对每笔交易寻找最佳合作伙伴,完成从定购到结算的全部交易行为。其代表是马云的阿里巴巴电子商务模式,从目前来看B2B交易金额占整体电子商务市场份额的85%左右。

二、B2C

企业与消费者之间的电子商务(Business to Customer,B2C)。这是消费者利用因特网直接参与经济活动的形式,类同于商业电子化的零售商务。随着因特网的出现,网上销售迅速地发展起来。

三、C2C

消费者与消费者之间的电子商务(Consumer to Consumer,C2C)。C2C 商务平台就是通过为买卖双方提供一个在线交易平台,使卖方可以主动提供商品上网拍卖,而买方可以自行选择商品进行竞价。其代表是淘宝平台下的电子商务模式。

【想一想】

什么是电子商务,电子商务有哪些类型?

【议一议】

1. 什么是 B2B、B2C、C2C?
2. 我们做电商应该选择哪种模式?

第二节 农村电商风起云涌

一、电商风潮愈演愈烈

电商起步于 20 世纪末,最初主要在企业与企业之间,一般老百姓还感觉不到。进入 21 世纪后,普通消费者网上购物开始流行，企业开始大量做直接面对消费者个人的网上零售生意，规模越来越大。2008年金融危机以来，传统市场竞争逐渐增大，而电子商务却逆势而上，成为经济热点。据中国电子商务研究中心发布的信息显示(2017年上半年中国电子商务市场数据监测报告)：2017上半年中国电子商务交易额13.35万亿元(图1-1.1)，同比增长27.1%。其中，B2B市场交易额9.8万亿元(图1-1.2)，电子商务从业人员310万人(图1-1.3)，网络零售市场交易额3.1万亿元(图1-1.4)，生活服务电商交易额0.45万亿元(图1-1.5)。2017年上半年，中国农村电商交易规模达到4 402亿元，与2016年上半年的3 120亿元，同比增长41.1%(图1-1.6)。

图1-1.1　电子商务交易额

图 1-1.2 B2B 市场交易额

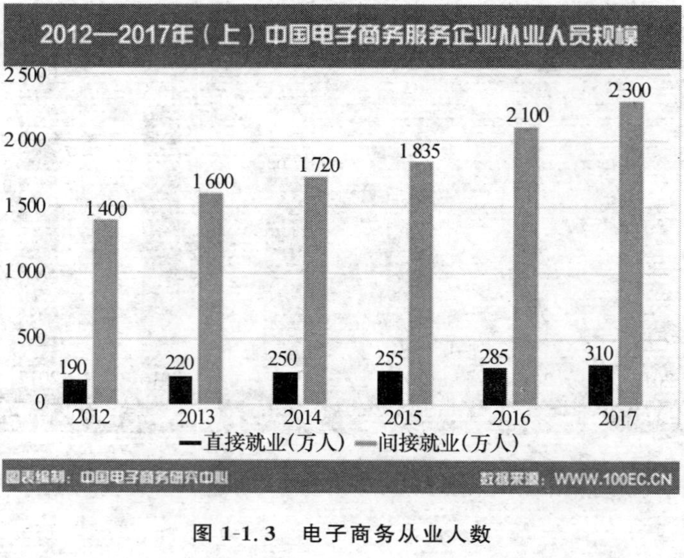

图 1-1.3 电子商务从业人数

图 1-1.4　网络零售市场交易额

图 1-1.5　生活服务电商交易额

图 1-1.6　中国农村电商交易额

电商彻底改变了传统企业漫长的成长过程，两三年就可以让一个企业飞速成长，最典型的就是“淘品牌”，即专门在网上销售而没有实体店的品牌，曾经被传统企业讥笑为“空手套白狼”。但经过多年培育，目前较为成功的淘品牌有麦包包、斯波帝卡、韩都衣舍、小狗电器等。以服装电子商务企业韩都衣舍为例，2008 年品牌创立时只有几间房子几个人，但到 2013 年时企业员工超过 2 000 人，淘宝网店铺会员突破 800 万人，2015 年销售收入达到 15 亿元，2017 年全年营业收入达到 17.90 亿元。电商流行语是：不怕买不到，就怕想不到。以陕西凉皮为例，淘宝网上现在开凉皮店的有上千家，产品数万款，大家担心的包装、保质、运输问题都解决了。2013 年网上一款“岐山方便擀面皮”赢得万人好评，一个月销售 4 万多件，销售额 60 多万元。

二、热火朝天的三农电商

2014 年发生了许多电商历史上具有划时代意义的大事件，这一年京东、阿里成功上市，像万达这样数不清的传统企业将资本投入电商这片蓝海。更重要的是，这一年电商开始影响着农村，近几年，农村电商的“台风”已经形成，并且越刮越猛。如果要用一个字来概括电商在三农领域的特点的话，那就是：热！上到总理，中间是各个企业家、县长们，下面就是那些数不清的热血青年，农村电商真的热了。

1. 总理点燃了农村电商冬天里的一把火

2014 年的 11 月 19 日，世界互联网大会在浙江乌镇召开，国务院总理李克强在参会前先去了一趟有天下第一淘宝村之称的义乌市青岩刘村。李克强在青岩刘村走访了三处地方：一家做旅行收纳包业务、年入千万元的 B2B 店铺，杨耀晖的亲子装网上零售店，以及一个每日接单 1 万多票的快递网点。总理一个小时的到访，无疑为刚刚起步的农村电商添了把柴，如果说前面的农村电商更多地靠草根们自发兴起的话，那么从此以后的农村电商无疑增加了些政府的关注与支持。

2.176 个县长的不约而同

在今天不知道还有什么样的会议能让 100 多个县长跑到一个民营企业去参会，而且不管住宿和接待，但阿里巴巴做到了。2014 年 7 月 3 日，“首届中国县域经济和电子商务峰会”在杭州举办，176 个县长齐聚阿里总部讨论农村电商，让人有些“愤愤不平”的是，马云竟然没有在会议上露面，然而县长们还是不亦乐乎。县长们为什么看上了电商？一句话，电商里面有民生，有 GDP，还有政绩。

3. 电商下乡的刷墙真是弱爆了

对于农村电商这一块大蛋糕，各大电商们倒是有“春江水暖鸭先知”一般的敏锐，早就开始了农村刷墙的竞争。有人统计，目前到农村刷墙的有20多个互联网与电商企业，在热闹中甚至有些喜剧的味道。除了淘宝网已经流传时间较长的“生活要想好，赶紧上淘宝”“在外东奔西跑，不如在家淘宝”等标语外，百度推出“要购物、先百度”的口号，当当网的宣传口号是“老乡见老乡，购物去当当”，京东的口号则是“发家致富靠劳动，勤俭持家靠京东”，连作网络婚恋的世纪佳缘也开始在农村刷标语，说“上佳缘找媳妇儿，种地有帮手”。京东更是带头做起，首批下乡配送车队开进了农村，苏宁易购也设置了农村频道。

4. 阿里巴巴在农村亮剑了

2014年9月19日，阿里巴巴在美国成功上市，这是互联网界的大事件。上市当天，阿里巴巴以收盘价93.89美元、市值2 314.39亿美元的惊人数字，一跃成为世界电商第一股。随着阿里巴巴上市，马云成为大陆首富，身家265亿美元，约1 627亿元人民币，全球排名第23。然而，更让人关注的是，阿里巴巴集团今后要走向何方。对此，马云的回答是，要在农村电商、跨境贸易和大数据三个领域进行重点投资。随后阿里巴巴推出了“千县万村”计划，宣布在3～5年内投资100亿元建立1 000个县级运营中心和10万个村级服务站。

三、逐渐有谱的三农电商

1. 农产品电商，不畏浮云遮望眼

尽管有3 000农产品电商无一盈利的说法，但依然无法阻挡农产品电商方面的投资热情，大有高举高打、无所畏惧之势。2014年5月，顺丰嘿客开始运营，从运送农产品转向直接卖农产品。也就是在当月，亚马逊宣布入股垂直生鲜电商平台美味七七，投资金额达到2 000万美元。8月1日，中粮电商平台我买网宣布完成B轮融资，获得1亿美元注资。8月18日乐视网电商平台“乐生活”正式上线，要融农产品生产加工、冷链物流、品牌运营和金融投资于一体。9月30日，阿里巴巴旗下聚划算正式推出“聚土地”二期，在全国8个城市同时开启，消费者可以选择离身边最近的农场预购土地，定制套餐，享受新鲜的售票，还可以免费参观农场，浏览田园风光。

2.农村电商，小荷才露尖尖角

农村消费长期启而不动，有农民收入水平低的问题，更有农村消费市场水平偏低的问题，大量的假冒伪劣商品充斥着农村市场，真是有钱也难花出去。也正是在这样的背景下，农村电商随着交通、通信、物流条件的不断改善，逐渐靠谱起来。目前，农村居民对网购模式的接受度达到84.41%，人均网购消费金额预测在500～2 000元之间，而且仍有增长空间。继我国网购市场规模突破1万亿元之后，城市网购市场增速日渐放缓，农村市场成为电商下一轮增长的新引擎。来自商务部的统计数据显示，2015年农村地区网购交易额达到3 530亿元，同比增长96%。农产品网络零售额达到1 505亿元，发展农村网民达到5 659万人，新增网店达到118万家，在全国1 000个县里，已经建成了25万个电商村级服务点。有专家预测，预计2018年农村电商整体规模有望突破1.2万亿元，呈现“井喷”行情。阿里巴巴、京东、苏宁易购等电商巨头在农村的刷墙大战和网点争抢更是将农村电商烧上了天，在城市市场已经陷入白热化竞争的情况下，越来越多的工商资本涌入农村，你来我往短兵相接，好不热闹！如此这般，电商又如何不下乡？

3.县域电商，柳暗花明又一村

消费不振，出口疲软，投资后劲不足，中国进入经济发展新常态。靠拼血本招商引资的传统县域经济模式也面临政策、环境、财政的重重压力。但电商却开启了县域经济增长的一个新领域。以小商品批发著称的浙江省义乌市，实现了网上再造一个义乌的转型，2013 年注册地在义乌的淘宝卖家（含天猫）账户达到 10 万个，超过义乌国际商贸城的商户数量（7 万家左右），成为义乌最大的商人群体，电商交易规模 856 亿元，交易额也超过实体市场。研究表明，电商带动了配套的生产、加工、储藏、物流和电商服务业的发展，增加了就业，为县域经济注入了新活力。县域电商、农产品上网、地方特色馆、电商园区、跨境电商，一时成为县长们关注的新概念，也就不足为奇了。

四、值得期待的三农电商

2017 的农村电商已经挥手作别，一系列重要事件的发生，注定了 2018 年的农村电商将迎来一个重要的变革之年，而在 2017 年已经萌芽的农村电商趋势也会在 2018 年表现得更加明显。

1. 政策层面会继续强化，农村电商要在乡村振兴战略实施中寻找新定位

党的十九大首次提出实施乡村振兴战略，标志着城乡一体化进入到城乡深度融合的新阶段。中央农村工作会议中以乡村振兴战略为主线，全面部署三农工作。担负着让农村生活更美好使命的农村电商，也必然要围绕乡村振兴战略来做新谋划。

2. 电商扶贫及消费扶贫会不断演化升级，在脱贫攻坚中发挥更重要的作用

电商扶贫从 2014 年探索兴起，到 2017 年全面推进。在电商扶贫中，消费扶贫在多个平台和互联网应用的支持下迅速发展，模式越发多样，规模日益扩大，今年将会有更大的提升。

3. 农产品上行继续加速，总体规模会再上台阶

2017 年下半年开始，农产品上行得到各地政府、各大电商平台的进一步重视，也形成了一系列的新举措。相关数据表明，农产品电商还将继续保持高于电商整体增速的发展态势。特别是在农

产品上行的渠道上，将会从单一的网络零售向网络零售、网络批发并重转变，从传统的电商依赖向传统电商、社交电商并重转变，从电商的单独行动向政府、平台、网商、传统生产经营主体及电商服务业协同转变，也会从重视线上向线上、线下融合转变。

4.新零售掀开农村电商竞争新阶段，农村商业体系迎来深度改造

农村电商最终会与传统农村商业实现线上、线下的深度融合。其概念在2017年上半年提出后，在下半年相继开展了试点推进，2018年将会全面推开。

这里就不得不提链众三农网了，平台通过线上收集大数据，线下建立直营店的模式，克服了农资电商在中国农村发展的瓶颈。通过对农民、农业经纪人、涉农企业、市民、农业合作社等农业产业链的整合，提高了农业发展的技术体系。

同时，链众网商城已经正式上线，平台整合资源，联合北京大农集团，携手上千商家，以农资产品为主线，以肥料为依托，辅以最贴心的服务，解决老百姓衣、食、住、行等各方面的需求，拥有专业线上技术服务团队为平台做好技术支持和保障，线下在直营店的基础上，利用商城终端机将服务网点继续下沉至每一个村庄，加大了服务的深度！

5.农村电商下沉资源开始整合，效率与可持续发展成为现实考虑

连年的电商下乡，大多数农村已经有了基层的农村电商站点，各大平台、物流公司也都下沉了大量资源。如何实现盈利或者保持可靠的收入支撑，成为现实的课题。农村基层电商站点能否各大平台共用，农村“最后一公里”物流能否通过培养第四方物流来统筹承接，都是值得深思和探索的。

链众三农网在山东省每个乡镇建立一家直营店，经过近两年的努力，直营店发展迅速，经营情况良好，解决了农村电商“最后一

公里”的问题，链众网还被当地政府和老百姓誉为“最接地气的农村电商”！

6. 电商倒推产业转型将在农业上进一步显现，“互联网＋农业”进程会明显加快

越来越多的农产品电商实践让大家充分认识到，如果不能对农产品电商的源头进行深入的改造，电商之路是无法持续的。所以在 2017 年，已经有电商平台和大型电商企业开始向农业产业链的深度进军，力图从根本上推动农业转型升级，这种趋势在今年将会越发明显。

7. 农村电商创业开始分化，人人网上开店的时代开始式微

目前，电商主体的数量以及各大电商平台的流量成本逐渐变大增高，电商创业者们需要转换农村电商创业思维，把眼光放宽到农村电商广阔的产业链和价值链体系内，在诸多的环节中选取一个环节，进行深度耕耘，可能会打开新天地。

8. 农村电商生态加速构建，农村电商体系日益完备

农村电商的成长需要农村电商生态的深度发育，从简单的引入电商市场主体，到物流体系跟进，再到供应链整合，再到电商服务业的蓬勃发展，中国农村电商的形态日益丰满。

【想一想】

农村电商为什么那么火热？对未来农村电商发展你有哪些期待？

【议一议】

1. 你身边有没有做电商的？他们做得怎么样？

2. 你有做电商的打算吗？你怎么做？

第三节　农村电商蕴藏的商机

继我国网购市场规模突破1万亿元之后，城市网购市场增速日渐放缓，农村市场成为电商下一轮增长的新引擎。农村电商蕴藏着巨大的潜力，至少表现在以下五个方面。

一、市场前景具有明显的广阔性

2010年村镇农村电子商务交易总额（网购总额加网销总额）约209亿元，仅占实体交易总额（采购总额加销售总额）的0.07%。特别是随着农村物流体系的改善、农村信息化的普及、农村消费水平的提高，整个农村电商的增长空间值得期待。再像农产品电商，目前农产品实体市场约3万亿元，而网上销售额仅1 000亿元左右，渗透率仅3%，市场想象空间巨大。

二、消费具有明显的新生性

有研究表明，消费者通过网络零售消费的100元中，约61元是替代性消费，也即从线下消费转移到了线上。但是另外的39元，则是因网络购物的刺激而产生的消费增量。但在三四线的县域地区，网络新增消费更高达57元，拉动消费作用明显。目前的农村，可谓假冒伪劣产品横行，好多东西农民想买却买不到，进城买又不经济，还有很大的消费潜能。一些地方已经出现了专门为村民代理网络购物的淘宝代购客，也从侧面证明了这一点。

三、发展具有明显的非均衡性

如果说传统产业发展要遵循一般产业规律、中西部地区发展还要依靠产业梯次转移的话，则电商在农村的发展打破了这一清规戒律。在阿里研究院公布的淘宝村和县域电商发展案例中，有许多出自非经济发达地区和非改革开放沿海地区。比如山东的淘宝村，不在济南、青岛等大城市附近，河北的淘宝村不在省会或区域中心城市附近，江苏出现的淘宝村也不在经济发达的苏南地区。在县域电商案例中，浙江的遂昌、甘肃的成县在山区，河北的清河更身处内陆。阿里研究院分析发现，从2010年开始，县域电子商务已从以江浙代表的华东“单极增长”为主，转向华东、华北、华南、华中“多极增长”的新阶段。显然，由于电商打破了时空的限制，为电商的地域突破提供了条件，这也是一批县域对于电商充满憧憬的重要原因。

四、创业主体具有明显的青年性

青年是最活跃的创业群体，大批青年返乡从事电商创业，已经成为农村电商的最大活力。从《“新三农”与电子商务》一书提供的数据可知，农村网商年龄在20～29岁的占75.9％，30～39岁的占18.6％，两个年龄段合计近95％。虽然我们难以期望农村电商也会迅速产生“淘品牌”那样的暴风骤雨式的成长奇迹，但至少可以相信，以年轻人为主体的农村电商创业群体必将在今后几年中蓬勃发展，形成一批影响农村经济方式的现代电商企业。

五、发展具有明显的产业再造性

电商在农村的发展不仅是渗透到传统产业之中，而是深刻的影响与再造，甚至是催生农村新的产业，这是农村传统产业模式不可想象的。比如目前的农产品上网，普遍面临标准化程度低的问题，电商运用现代信息技术和科技手段进行了系统性的产业链改造，这对农业生产方式的影响是深远的。而且，电商把盲目的生产逐渐转向依靠市场来定位，拿到订单再生产，可以有效避免售卖难的问题。电商带动了配套的生产、加工、储藏、物流和电商服务业的发展，增加了就业，为县域经济注入了新活力。

可以预见，随着城市电商竞争的日趋激烈，农村电商正在信息化基础不断完善、农村消费水平不断提高、农产品生产销售模式加快转型的情况下，成为下一个重要的电商蓝海市场，发展的未来让人期冀而动！

【想一想】

1. 农村电商的潜力有哪些？

2. 为什么说农村市场前景广阔？

【议一议】

1. 农村电商蕴藏着哪些潜力？

2. 为什么说农村青年是最活跃的创业群体？

第四节　农村电商面临的现实问题

“前途是光明的，道路是曲折的”，这话用在所有的新生事物身上恐怕都合适，对于农村电商也依然如此。农村电商前途光明，发展迅猛，但现实中的问题与困难也不少。概括起来主要有以下七个方面：

一、认识问题

在城市已经泛滥的互联网思维、电商理念、微营销等概念，至今在农村还是新事物，不要说留守在农村的农民群体对电商处于“乃不知有汉，无论魏晋”的状态，就是一些县、乡的干部也是相当陌生，至多知道开淘宝店就是电商了，离真正的电商概念还有相当距离。在我们组织的问卷调查中，创业青年对电子商务这个词并不陌生，但大多只停留在名字本身，而电商究竟做什么，很少有人能够讲清楚。那些在农村电商领域的先行者，也往往走入两个方向的误区，要么把电商看作一个独立的产业形态，为电商而发展电商，与实体产业结合不紧密，最终成为无源之水。要么把电商看作一般的营销手段，作为一个新的渠道来运作，忽视了与现有产业的融合，结果独木难支。在参与农村电商发展推动工作的过程中，我对这些认识方面的问题感受尤深，农村切实需要一场比较深入的电商理念普及，尤其是对县、乡干部，而且需要降低电商理念宣讲的格次，从基本知识入手。

特别是一些地方政府在推进农村电商发展的过程中，认识还有偏差，可以归结为“看小了、没生态”。所谓看小了，一是把电商这个事情看小了，感觉就是几个年轻人网上卖一点货，没有看到电商对经济社会发展的深远影响；二是把电商的内容看小了，基本只关注在网上零售，缺乏对大电商的整体认识，B2B、O2O，以及由此衍生的互联网金融、农业众筹等新业态知之甚少；三是把电商的困难看小了，以为搞点培训，补贴一点资金就可以，结果长期起不来。所谓没生态，一是没有电商服务，让创业者单打独斗搞不了；二是没有人才，懂电商的少，既懂电商又懂农村的更少，有想法没办法；三是没有产业配套，根本拿不出适合上网的产品来，产业链的问题更多，搞起来到处跑风漏雨。

二、人才问题

干事创业靠人，这话对农村而言更关键。发展农村电商，人才已经是一个非常紧要的瓶颈，政府喊缺人，企业喊缺人，行业整个都在喊缺人。前面有数据说，整个电商行业大约短缺人才150万人，而阿里研究院与淘宝商学院联合发布了《县域电子商务人才研究微报告》，未来两年县域网商对电商人才的需求量超过200万人，最缺运营推广、美工设计和数据分析三类人才。即使已经开始从事电商创业的人才，也面临能力不足的问题。《“新三农”与电子商务》引用的调查数据表明，20％的人认为缺少开店知识，另有14％反映不会设计网店，31％认为当前最大的困难是经营管理和发展问题。所以，引进人才是一个方面，培训人才也十分迫切。

但目前的现实情况是，请也请不来，只好自己培养。应该大力推广“父子兵”“夫妻店”“兄弟连”“女人帮”这样的小型电商团队模式。一些传统企业做电子商务，企业主往往年龄大，思维跟不上，很苦恼，要学会电商思维与运营也相当困难。我的建议是，完全可以把儿女们请回来，让他们掌舵电子商务，老爷子们则完全可以退到后台，专心搞好生产，这就是一个完美的“上阵父子兵”模式。这样的成功案例已经不少，比如福建中闽弘泰的王思仪，就是用电商把家里的茶叶卖得很好。陕西兴平的一个小伙子，也是用电商把辣椒面卖到了国外，老爷子迅速让出了董事长的位置。“夫妻店”就更好理解了，女的心灵手巧，主要搞店铺运营；男的做好配套服务，写个发货单，跑个快递，也算是黄金搭档了，这样的小夫妻网店成功的也不少。“兄弟连”“女人帮”，其实就是屌丝版的马云创业团队了，共同爱好，优势互补，分工协作，照样可以风风火火。

政府在培育电商人才方面，应该注意培训只是一个切入口，更重要的是培训以后怎么办。好多地方的培训搞得好，像打鸡血一样有效果，但大家完了还是找不着北，为什么？干起来以后，发现要什么没什么。所以，培训只是点第一把火，火起来后必须要有后续的燃料供给。电商在县域的起步，就像荒漠种树，有苗没水活不成，电商服务就是水。目前，电商服务业是县域电商特别是中西部电商的最大短板，必须在这方面努力跟上。今天的电商创业，再不能让大家白手起家了，就像第一代的电脑玩家，从 BASIC 语言和 DOS 学起，今天就必须给大家一个 Windows 系统了。

三、政策问题

农业发展，一靠政策，二靠投入，三靠科技。这话套用在农村电商发展上，同样适用。在发展明显滞后于城市的农村搞电商，政府的作为十分重要，这也是各地发展县域电商的普遍经验。当前农村电商的政策有，但方向与重点有偏差。一是盲目搞平台，烧钱很多，没有效果。马云早就讲了，平台格局已定。一个县，搞什么电商平台？等你做大了再说。当然，搞一个孵化平台是可以的，这个最需要。第二个是盲目建园区。这个投资也非常大，但在县域电商初期也用处不大，因为没有成熟的电商主体来入驻，初期创业者大体在家里的电脑上、甚至是手机上也就完成订单了。更重要的是，这些园区的思维太陈旧，不是搞商业地产，就是搞物业的，空有基础设施，没有电商生态圈，谁愿意来？要建电商园区，县域电商发展到一定程度，水到渠成。不要在牛顿的绝对论还没有出现之前，先搞爱因斯坦的相对论。第三个是一味地招大商引大资，把有效的资源全部补贴给个别企业，结果电商发展独木难成林。正确的思路是，“大象起舞”与“蚂蚁雄兵”同在，可以招电商企业回来，但更应扶持草根电商创业，别看他们现在是青青小苗，几年后一定会长出成片森林来，而且比招来的“女婿”更可靠。

四、物流问题

农村电商，能看上做的人不少，但真正动起来的却不多，究其原因，物流是一个大瓶颈。农村物流体系，非不能是不为，经济规律决定了这一现状，因为太分散，不经济。两个层次，一是配送成本很高，特别是在非平原地区，成本高过城市数倍，还没有效率；二是返程空载严重，这又抬高了物流成本。出路在哪里？只有降成本。虽然各家大电商不约而同地做出了电商下乡的姿态，但离问题破解还有时日。我的看法是，降成本要靠“草船借箭”“梯次转运”。所谓“草船借箭”，就是要用好农村现有的小商业基础，如乡镇的批发门市、小超市和村里的小卖部，以此形成类似城市社区化的格局。所谓“梯次转运”，就是把电商的集中配送终端设置在乡镇，而乡镇到村再到农户手中的这一段，由村里的小卖部去完成，这里可以借助农村的客运体系、私人运输力量。同时，积极开发农村土特产品，争取在工业品下乡的同时，把农产品再运进城，这个过程更复杂，突出表现在标准缺失、冷链体系不健全，有待逐步探索。

五、品牌问题

卖的东西多了，竞争就激烈，如果不能标新立异，便只有干着“杀敌一千，自伤八百”的低价营销套路，这便是当前电商C类市场的大致情况。农村的产品搬上网络时间并不长，但已经陷入两个泥潭：干货品类，像红枣、核桃等，与普通消费品的储藏物流特性差不多，又没有什么大的品牌，于是基本陷入低价营销误区，都干着赔钱赚吆喝的事情。生鲜品类，保鲜成本高，物流困难大，损耗率十分惊人，属于看上去很美，毛利率高得惊人，实际亏损程度也是大得惊人。在这样一片烂泥潭中，如何爬出来，一靠品牌，二靠模式创新。品牌不等于名牌，但却是最好的识别标识，能形成固有的品牌用户。特别是农产品，品牌问题进展只迈出半步，虽然形成了诸如洛川苹果、阳澄湖大闸蟹等地域品牌，但基本上陷入“公地悲剧”，假冒伪劣严重，最终还是要进展到以企业为主体的市场品牌上。模式创新主要针对生鲜而言，大家基本看到了社区化这个出路，但具体路径还需探索。

不过，在传统农产品品牌大规模网络化之前，又出现了一个农产品淘品牌的美好时代。其表现就是以三只松鼠为代表的互联网食品品牌的兴起，他们基本上没有农业生产基地，主要从农民或合作社或供销企业手里收购农产品，或者建立可靠的买手团队到生产一线负责生产指导与后期收购，然后进行独特的包装设计、精选加工、创新营销，往往突破了传统农产品包装设计上的土气笨拙，也一改颜色上的大红大绿，精准地抓住了“80后”“90后”的消费心理，借助于电商这一渠道，实现超常规增长。目前在天猫食品类销售领先的品牌中，作新疆干果的西域美农，卖茶叶的艺福堂，都属于线上品牌，成长速度明显快于传统企业。

由此，我们完全有理由推断，还会有大量的农产品细分行业，存在着农产品“淘品牌”成长的空间，在目前以干果、进口水果为主要类目的农产品“淘品牌”日益成熟后，将会逐渐带动其他类目的农产品网络品牌化进程，甚至是目前电商难以有效征服的生鲜领域。这也意味着，农产品电商还会出现一批异军突起的新品牌，成就一批创业人士的新梦想，也会产生像当年“淘品牌”一样的造富神话。

六、标准与安全问题

农业不是工业，农产品不是工业品。哲学中有句话，世界上不可能存在两片相同的树叶，套用在农产品上，就意味着不要想象有与工业品一样标准化的农产品。更重要的是，农产品是分散的小农户生产的，更加剧了产品的不标准化程度，可能不同批次的同一农产品都不一样。同时，由于标准化程度低，农产品的安全与信任就成了大问题，毕竟是人吃的东西，不放心怎么行？但现在市场上有机绿色满天飞，各类认证一大堆，哪个是真的？所以，农产品的标准化是个大课题，外观与内在品质的标准是一大体系，从田间到餐桌的全程可追溯又是一大体系，两个都得有。但是，这样复杂的体系与漫长的链条，一般的企业根本做不下来，农产品的标准化进程还需要一个艰难的过程。但可以预计，谁能率先破解了农产品标准化问题，谁也将在农村电商的竞争中率先胜出。

七、发展模式问题

一波又一波的电商热，实际上是热了电商投资。电商投资看什么？说白了，是看模式。京东10多年不盈利，各路投资依然趋之若鹜，因为看重其模式。唯品会上市之后股价能涨得离谱，也是因为其模式的独特性，把代销模式进行了创新。但农村电商的模式整体还处于混沌状态，路径很不清晰。主要原因：农村电商涉及面太宽，几乎要达到电商生态链的再造程度，难度可想而知；农村不是城市，农产品也不是工业品，现行的城市与工业品为主的电商模式，农村套用不上。

当然，农村电商也不是漆黑一团、荒漠一片。比如，城市电商到了消费升级的时候，农村电商的大门才刚刚打开；城市电商是陌生人交易，而农村人有熟人圈可以依托；城市人心急火燎对物流速度到了只争朝夕的地步，农村人的生活节奏慢一些。这些都是重要机遇，只要认真研究，巨大的潜力和空间就会被开发出来。

【想一想】

农村电商还存在哪些问题？

【议一议】

问题就是商机，你如何从电商存在的问题中找到商机？

第四节　农村电商前景乐观

长期以来，农村市场向来不被人们看好，因为占据人口约70%的县以下消费市场仅占全国商品零售总额的30%左右，哪里会有什么商机?! 然而,形势远非人们所想象的那样,在农村经济社会迅速发展的今天,农村消费市场也正迎来全面升级的历史新机,电商的新蓝海隐约可见,正所谓“风物长宜放眼量”。2015 年,我国农村电商市场规模达 3 530 亿元,2016 年我国农村电商市场规模达到 4 823 亿元,2017 年我国农村电商市场规模达到 6 256 亿元。估计未来五年年均复合增长率约为 38.87%,2020 年我国农村电商市场规模将达到 16 860 亿元,2021 年我国农村电商市场规模将达到 23 266 亿元(图 1-4.1)。相信农村电商至少有四大理由。

图 1-5.1　中国农村电商市场规模

图表来源 http://www.sohu.com/a/133742422_255580

一、农村生产生活商品化程度全面加深

农村最后的自给自足经济消失,农村生产生活商品化程度全面加深,带来电商的新空间。如果说城市的母亲们早已失去了为孩子做衣服的本能的话,今天的农村也正在与这样的传统告别,大量的农村女孩告别乡村,进入城市,俨然已成为城里人,也不会再像她们的母亲那样,辛苦地纳鞋底,密密地缝棉衣。也许再过若干

年,唐代诗人孟郊《游子吟》中的名句“临行密密缝”会让孩子们费解,而多少散文家写滥了的寄托着母爱的一双布鞋也可能在若干年后成为文物,这就是今天农村的深刻变化！这还只是农村生产、生活变化的冰山一角,今天农村的孩子们从小也开始和城里的孩子一样上幼儿园,还要上寄宿制小学,他们无论身上穿的,口里吃的,手里用的,无一不是城里下乡的工业品。这样的消费空间难道还小吗？正在城市苦苦挣扎的二三线消费品牌,如果能早一点认清形势,到农村去,也许会逃离与外资、国产一线品牌的力不从心的对抗,找到新的发展空间。

二、农村消费还有大量东西买不到

农村内需长期不振,有买不起的原因,更有买不到的原因,电商可以顺势而为。到农村走一圈,时常会有一种哭笑不得甚至是欲哭无泪的感觉,在市场经济日趋发达的今天,城乡的消费市场却依然有着天壤之别。走到农村的集市上,假冒伪劣比比皆是,触目惊心,康师傅变身“康帅傅”,娃哈哈变身“娃恰恰”,喜之郎变身“喜大郎”,奥利奥变身“奥立奥”,甚至泸州老窖也可以变身“泸渊老窖”,等等,还有大量过期食品、三无产品等充斥着农村集市商店。这些年,农村居民收入水平增长速度明显快于城市,而重要的因素是工资性收入增长较快,一些研究者往往把农民的农业收入不高与农民的家庭收入与消费水平挂钩,岂不知来自城市的收入反哺才是农民现金收入的最主要来源,随着农民收入水平的提高,客观上有消费升级的要求,但农村市场并没有及时给予满足。特别是一些农村富裕群体,要有体面地消费一下,必须进县城甚至进省城。而电商的渠道却恰恰可以打破时空的限制,满足农村不同消费层次的需求。

三、模仿型排浪式消费农村刚刚开始

城市的模仿型排浪式消费正在终结，而农村却刚刚开始。电商在城市的暴发，最终演化为以顾客为中心的个性化消费。过去穿衣服，唯恐没有赶上潮流，如今穿衣服唯恐没有个性，撞衫事件甚至导致心理失衡，这标志着再像20世纪80年代那样人人穿喇叭裤的模仿型年代一去不复返了。同时，在传统意识中的几大件相继普及之后，城市新的消费增长点开始多元化，甚至说相当散乱，排浪式的消费也面临终结。这是许多商家难以适应形势的根本原因，不是生意不好做了，而是生意不能再像过去那样做了。然而，与城市相对应的是，农村的模仿型排浪式消费却恰恰开始，城市人已经家家户户都有的冰箱、空调、电脑这几件必备家电，在农村的消费增长才开始，正在成为新的排浪式消费，这一点从农村婚嫁的陪嫁品就可以看得出来。同时，几经进城与回乡，农村人的消费观念开始追逐城市，品牌消费慢慢起步，成为一种模仿型的消费流行。比如，在农村电商村级服务点，经常出现的情形是，一个农村妇女买后说好的衣服，其后一段时间往往会有其他妇女购买同款同样。

四、农村妇女的"消费"能力不可低估

电商的未来发展后备力量在农村。做商业的都知道一句行话，能不能卖得好，关键看能不能抓住女人的心理。第一要抓女人本身，一年四季，女人的形象何止万千，需要的消费又何止千万；第二要抓女人的孩子，一天长一个样的小家伙们，消费自然不可少；第三要抓女人的亲人，包括丈夫、父母等，有时候看女人有心无心，就看给亲人买东西多少。可以看得见的是，那些已经在淘宝上买东西买到"剁手"级别的女人们，如果心里对这种疯狂购物有负罪感时，往往就会再为家里其他人也买一些，这就是城市的女人！而

农村的女人什么样？勤俭持家是当然的传统品质，但并不意味着她们不愿意更多的消费，特别是在生活水平一天天提高的时候。浙江遂昌的实践表明，自从有了电商，县域内的人均年消费提高了1 000元左右。更重要的是，农村妇女在目前农村人口的“386199”部队结构中，处于生产生活的绝对主导地位，随着一批80后的新一代农村媳妇逐渐成为大当家，农村电商天然地有了增长的空间，只需要配套的电商服务跟进即可。全球管理咨询公司麦肯锡最新发布的2015年中国数字消费者调查报告指出，尽管互联网在三四线城市和农村普及率较低，但这些地区的大部分消费者都在使用电子商务，网购的比例分别达到了68%和60%，农村用户中的“网络达人”更是比一线及二线城市多出25%，渴望第一个尝试新的产品和服务。麦肯锡全球董事季翔说：“很有意思的是，虽然在农村互联网覆盖率仅为19%，但是在电子商务的使用上他们跟城市居民一样活跃。”

【想一想】

农村电商还有哪些发展空间？

【议一议】

1. 你有哪些商品想买却买不到？
2. 你认为农村电商该怎么做？

第二章　电商创业——面临的机遇与挑战

农村可能会再造一个淘宝，也可能让京东打开新的增长空间，让转型阵痛期的苏宁似乎看到新希望。但更重要的是，农村电商的暴发，不仅仅是几大电商平台的机遇，也不仅仅是农村群众的民生福祉与县长们的政绩标杆，最终要带来实实在在的产业机遇，造就一个农村电商大生态系统的繁荣，这才是农村电商最终持续发展下去的根本所在。

第一节　农村电商带来的机遇

据有关专家预测，农村电商将会带来四大产业机遇。

一、将带来二三线品牌的新市场

全球管理咨询公司麦肯锡最新发布的2015年中国数字消费者调查报告指出，尽管互联网在三四线城市和农村普及率较低，但这些地区的大部分消费者都在使用电子商务，网购的比例分别达到了68%和60%，农村用户中的“网络达人”更是比一线及二线城市多出25%，渴望第一个尝试新的产品和服务。

麦肯锡全球董事季翔说：“很有意思的是，虽然在农村互联网覆盖率仅为19%，但是在电子商务的使用上他们跟城市居民一样活跃。”淘宝农村消费占比正在不断提升，从2012年第二季度的7.11%上升到了2014年第一季度的9.11%。2017年农村网购市场达到 6 256 亿元，预计 2018 年突破 1.2 万亿元，继续缩小与城市网购规模之间的差距。

再看目前的农村市场现状，可谓假冒伪劣产品横行。好多东西农民想买却买不到，进城买又不经济，加之一些富裕农民群体的形成，确实还有很大的消费潜能。完全可以说，在农村经济社会迅速发展的今天，农村消费市场也正迎来全面升级的历史新机，正所谓“风物长宜放眼量”。正在城市苦苦挣扎的二三线消费品牌，如果能早一点认清形势，到农村去，也许会逃离与外资、国产一线品牌的力不从心的对抗，找到新的发展天地。

二、将带来农产品淘品牌的新机遇

尽管农产品品牌已经进入了地域公用品牌的时代，但互联网上的农产品品牌化进程，并没有与之相配套起来，太缺乏有影响、有实力的农产品品牌企业了。于是，出现了一个与天猫商城起步之时有些相似的情形，即线上品牌的兴起，让人不禁回想起“淘品牌”风云一时的年代。

而农产品电商虽然从 2009 年开始进入高速增长期，但传统农产品品牌与互联网品牌出现了明显的“代沟”。那些有一些影响力的农产品地域品牌，并不能很好地理解和运用电商这个有效工具，特别是目前的农产品企业，还普遍缺乏应有的电商敏感和有效的电商策略，显得慢慢腾腾、漫不经心、漫无目的。

由此，在传统农产品品牌大规模网络化之前，又出现了一个农产品淘品牌的美好时代，其表现就是以三只松鼠为代表的互联网食品品牌的兴起。他们基本上没有农业生产基地，主要从农民或合作社或供销企业手里收购农产品，或者建立可靠的买手团队到生产一线负责生产指导与后期收购，然后进行独特的包装设计、精选加工、创新营销。往往突破了传统农产品包装设计上的土气笨拙，也一改颜色上的大红大绿，精准地抓住了“80 后”“90 后”的消费心理，借助于电商这一渠道，实现超常规增长。

而且，与一般消费品的没有区域性相比，农产品恰好相反，地域特色鲜明，这又是特色品牌的温床。农产品具有品类上的高度同质性，却有品质上的千差万别，品牌的差异化应运而生，而且很有空间。目前农产品缺乏突破区域限制的大品牌，而电商给了这一切可能，仅新疆特产就已经养活了多少个农产品“淘品牌”！

目前，农产品地域品牌日趋成熟，我们完全有理由推断，还会有大量的农产品细分行业，存在着农产品“淘品牌”成长的空间。在目前以干果、进口水果为主要类目的农产品“淘品牌”日益成熟后，将会逐渐带动其他类目的农产品网络品牌化进程，甚至是目前电商难以有效征服的生鲜领域。这也意味着，农产品电商还会出现一批异军突起的新品牌，成就一批创业人士的新梦想，也会产生像当年“淘品牌”一样的造富神话。

三、将带来电商服务业的新空间

农村电商发展到今天，如果把经验与教训总结为一条，那就是电商已经过了单打独斗的时代，没有一个电商生态的成熟，就不会有一个地方电商发展的壮大。如果再说得明白一点，农村电商要抓，关键在电商服务，就像打造航空母舰一样，给电商们提供一个起飞的平台。也像电脑的 Windows 操作系统一样，让大家便捷地自动化办公而不需要再艰苦地从 BASIC 语言学起，从 DOS 命令用起，让电商成为一种方便的应用体系。

目前一些地方反映的农村电商人才短缺、不会运营，最根本的原因还是电商服务没有跟上、美工少、专业摄影少、页面设计不会、客服水平低、后台管理混乱、仓储物流信息跟不上等，都需要专业公司提供服务。

从目前的发展来看，电商正加速向服务专业化迈进，围绕电商的各个环节正在加速成熟为一个独立的电商服务门类。全国电商服务业规模已经超过1万亿元，而农村电子商务服务的广度与深度均十分苍白，发展亟须的IT技术类、运营服务类、营销推广类、市场研究类、仓储物流类、品控保险类和电子商务整体外包类（电商整包类）大多处于荒漠状态。

如果说在城市竞争中力不从心的话，在城市水泥森林待得腻歪了的话，在远离他乡而故土难离的折磨中浸淫已久的话，那些玩电商已经十分老到的年轻人回到县城吧，那里不仅有事业上的发展空间，更有价值上的充分被尊重，还有重回故土的自由自在。

以最常见的人才培训为例，一个陕西省每年需培训10万人次左右，培训市场在3 000万元规模左右，更不要说专业运营了。各个企业、各个地方政府对代运营公司、优秀运营团队、运营管理人才等，求贤若渴。再以一般电商规划为例，一般一个县级电商规划需要30万元左右，加上省市级、乡村级、企业的、行业的等，一个省的电商规划市场也在数千万元。

四、将带来电商基础投资的新蓝海

电商虽然属于时尚的轻资产模式，但并不意味着电商的轻资产不需要其他配套产业的支撑。一个发达的电商背后必须有发达的工业制造业来支持，也会有发达的物流业来配合，而农村电商还会涉及一、二、三次产业的关联与打通，这也恰恰是中央农村工作会议提出的第六产业形态。

就目前的发展情况来看，农村电商需要在以下几个方面加快投资：①县域电商园区。整合电商企业、仓储物流、产品检测、配套生活服务等。预计仅陕西省每年将有3～5个县启动建设，每个投资在亿元以上。②电商孵化中心。集合运营服务、软件服务、营销服务、人才培训、金融服务等，每个服务中心建设资金约在千万元左右。③物流中心。承担县域快递物流的分拣、交换、二次配送等，投资因电商规模而异。④信息化基础建设。网络改造、硬件升级、增值服务等。

可以说,整个农村电商将带来数亿级的投资新机遇。在宣布投资100亿元实施农村电商“千县万村”计划后不久,阿里巴巴集团补充说,100亿元仅仅是一个开始,表明农村电商确实需要很大的投资强度。京东早就提出2015年电商下乡的总目标:新开业500家县级服务中心、招募数万名乡村推广员。到2017年,京东在全国县镇村已开出了近8 000家京东家电专卖店。目前,京东家电专卖店已经覆盖全国2.5万个乡镇、60万个行政村。2018年京东家电的乡镇专卖店数量增至15 000家,覆盖全国所有的县城。2017年苏宁提出将建20 000个乡镇服务站,覆盖全国1/2以上的乡镇。显然,农村电商发展所需的硬件与软件投资空间已经同时打开。

【想一想】

农村电商将会给我们带来哪些机遇?

【议一议】

1.我们的农产品如何利用电商营销?

2.农产品电商还需要哪些条件?我们还缺少哪些?

第二节　农村电商带来的创业机会

从2015年开始,国家财政部和商务部每年都公布电子商务进农村综合示范工作的示范县名单,每个示范县中央财政还将拨款20亿元,用于扶持农村电子商务的发展。对中西部,特别是老区农村电子商务的发展给予重点扶持,资金主要倾向于县、乡、村三级物流配送体系的建设。在这些示范县中，中西部地区占到了82.5%，贫困县占比超过了43.5%，每一个示范县都可以获得1 000万元的项目启动资金。

同时国家还对示范县在资金的使用上提出了三方面要求：第一，构建完善的县、乡、村三级物流配送体系；第二，为县域电子商务公共服务中心和村级电子商务服务站的建设改造提供重要的支持；第三，开设相关的农村电子商务培训，向企业和农民传授更多的电子商务知识。

从以上国家发布的新政策来看，农村电商、农产品电商、农特微商以及农村物流的兴起将掀起一股创业热潮，其中能够抓住的创业机会有哪些呢？"互联网＋农业"模式的出现，并不是指将农村的产品向城市输送，也不是向农村卖商品，而是以农村为中心构建一个生态体系，并通过鼓励创业的方式积极带动农村就业。

下面将就农村电商在互联网时代，农村领域出现的九大创业机会进行一一解读。

一、农村电商和村淘创业

随着城市市场的逐渐饱和，越来越多的电商企业开始将目光转向了农村市场，电商渠道下沉开始成为一种趋势，京东、阿里等电商巨头也开始在县域、农村电商领域展开了激烈的厮杀。根据官方发布的数据显示，中国一线城市互联网网购人群的数量已经达到了4.5亿人，而县域以及农村电商市场的网购人群已经突破了9亿人，这就意味着县域以及农村电商市场蕴藏着巨大的挖掘潜力。在互联网飞速发展的趋势影响之下，农村电商在2015年得到暴发式的增长，同时也将掀起一股农村电商的创业热潮。

相对于城市来说，农村电商市场有自己特殊的属性和特征：

农村的用户居住比较分散；农村领域的网购还处在萌芽阶段；随着农村生活水平的提高，农民对品牌商品的需求日益增长，但是却缺乏有效的购物渠道。

创业建议:要解决农村电商市场存在的问题,满足农民对品牌商品的需求,发展农村电商以及村淘站点不失为一个好办法。期待在农村电商市场有所作为的企业也可以趁势在农村电商市场上抢占先机,稳固自己在农村电商市场的地位。总结来说,在农村电商市场上有几种主要的创业模式。

1.借平台创业模式

京东农村电商平台、阿里村淘平台。创业者需要向平台电商递交申请,当然只有满足一定的条件才有资格申请。

京东现在已经招募和签约的乡村推广员达到了数万名,构建的县级服务中心超过了 100 家,并计划在 2015 年新增 500 家县级服务中心。

阿里在 2015 年推出了村淘计划,大力推进“千县万村计划”,并计划在 3~5 年内投资 100 亿元,成立 1 000 个县级服务中心和 10 万个村级服务站,惠及全国 70%的农村人口。

2.自主创业模式

将当地农户的需求集中起来,统一向平台下订单,这样的模式可以有效推动农村在互联网领域的创业活动。

商机评估:这种创业方式可行性比较大,风险较低,不存在库存的风险,只要运营者具备一定的电商运营经验,选择具有互联网基础的农村进行试点,就可以取得一定的成效。这种创业方式关键是要在企业以及农户之间建立信任关系,因此产品的价格、品质以及服务等是吸引用户并建立信任关系的重要基础。

二、县域农村电商物流创业

从目前国内的快递网络来看,县级的城市基本实现了快递网络的覆盖,但是从县级到村级的物流一直以来都是快递行业的一个痛点和软肋。因此,京东、阿里菜鸟等电商平台为了实现在农村电商市场的布局，也在积极推进县到村的物流网络建设。

阿里计划在 3～5 年成立 1 000 个县级运营中心和 10 万个村级服务站，支持农村物流。顺丰也在加快布局全国农村的物流网络，采用了双向商流和物流通吃的战略，物流网络已经覆盖了大约全国 40％的乡镇。顺丰还积极鼓励员工回乡创业，带动服务网点的下沉，建立乡村站点，将快递直接送达农村农民的手中，同时利用乡村站点为“城乡购”中土特产的物流运送提供重要的支持。

通过县级快递服务站的建立，实现与“三通一达”、顺丰等快递企业在县级网点的合作。如果单就一个县来说可能包裹数量比较少，但是如果能够建立县级快递节点站，那么就可以将多个县的包裹集中起来统一进行运送。这样一来在县到村的配送中，由于包裹数量比较集中就可以采用小货车配送或者采用滴滴打车的众包模式。

商机评估：可行性大，风险较低，要能够说服快递企业在各个区的区总，同时还要对电商快递包裹流量的稳定程度进行风险评估，拥有一定整合和调度社会运力资源的能力。如果能够建立比较完善的县到村级的物流体系，那么对于农产品流向城市以及工业产品流向农村都有重要的意义。

三、农村刷墙创业

收入能够达到几千万元，估值已经达到了 10 亿元。

商业价值：刷墙业务牢牢抓住了农村互联网的入口。

运营方式：招募网络村官进行线下推广，雇用农民为其工作。

数据：将农村 1 万家小卖部资源整合起来，对农村用户进行分析。

策略：设计符合农民语言特色的刷墙语言。

随着村村乐知名度的不断提升，村村乐开始成为各大电商企业争相合作的对象。

商机评估:农村刷墙实际上就是掌握了农村广告的入口,并且付出了比较低的位置以及劳动力成本,但同时这样的方式也要面临如下重要的挑战。

吸引上游广告投放的客户,抓住意欲进入农村市场的客户;利用社会化的资源开展刷墙业务;语言要有一定的创意,结合农民的语言特色。

四、农产品电商创业(F2B和F2C)

F2B即Farm To Business,农产品直供模式。当前这种模式主要集中在城市,通过省去中间渠道,将产品直接从产地运送至城市的学校、食堂、机关、酒店等机构,这种模式已经在全国范围内广泛运用开来,并且有的已经获得了一定额度的风险投资。

上游的平台一定是与多个农业基地实现对接的,因此在基地端的创业者,可以通过给予农民一定的种植指导,去对接上游的平台,从而为农村电商的发展提供重要的支持。

F2C即Farm To Customer,线上多渠道模式。对于多品牌农业基地的产品,可以借助淘宝等电商平台,实现农场与家庭的对接,采用预售和订购的模式来销售农产品。

商机评估:传统的农民不仅不了解互联网,同样也缺乏品牌意识和商业化思维,因此这个创业机会值得年轻人去深入挖掘和整合,或许未来能创造更大的商业价值。

五、农特微商创业

2015年对于农特微商来说是重要的一年,农特微商迎来井喷式增长。只要有地标性的特产,具备农特微商发展的基础,就可以进行农特微商创业。万人农特微商创业孵化平台正在积极筹备中,并且目光已经瞄准了600多个全国农特基地,对50个规模比较大的农特基地给予重点扶持。全国已经建立了20个农特微商创业孵化园,对接农特微商基地产品的渠道创业者都有资格申请渠道创业。此外,农特微商还积极打造全国的物流网络,为农特产品的配送创造良好的物流条件。

随着"互联网+"行动计划的提出,国家也越来越重视互联网在农业领域的深入渗透和融合,农特微商的出现使整个农村领域将进入了一个新的发展阶段,万人创业孵化园的建立,也为农村创业提供了重要的支撑。

适合开展农特微商创业的对象包括以下两类。

1.基地

地标性的农特产,具有独特的产品价值。基地的产能比较稳定,同时能够保证产品品质,符合当前的物流承运标准。规模比较大的基地可以运用品牌化的策略,中型的基地可以运用众包的品牌战略,而小型的基地和单品只需要做好心态运营。

2.渠道

只要能够懂社群,在农特微商领域就能实现快速成长,农特微商会向他们推荐比较靠谱的单品,结合基地就可以玩转社群营销,依靠一个单品就可以注册公司。如果还能为用户提供几次O2O体验,那么品牌的名声就能打出去。或者是建立独特的微商运营体系,在农特微商平台上同时申请多个单品来做农特微商。

商机评估:农业是一个具有较大挖掘潜力的行业,通常情况下,一个人工资的1/3是消费在吃上的,因此在社交电商时代,农特微商具有较大的创业价值,可以推动成千上万人的创业,让每一个人都有机会成为独立创业者。

六、农村O2O服务平台创业

O2O即Online to Offline,线上线下电子商务。这里的O2O服务平台并不是指单一的物流或者是电商,如日日顺在全国拥有

2万多个村级服务站，除了物流服务之外，日日顺也是一个提供家电送装、以旧换新的综合服务平台，在农村家庭的消费入口赢得了更多的商业机会。

商机评估：O2O服务对于村级服务站来说具有重要的意义，如果能在全国农村范围内建立O2O村级服务站，那么将具有重要的商业价值，不仅会吸引京东、阿里等电商巨头的目光，同时也会获得其他有意图进军农村市场的品牌的青睐。

七、农资集中采购平台、农机融资租赁创业

农村集中采购平台原本是供销社的事情，但是由于其特殊的属性以及体制，供销社中没有一个能与互联网深度融合的，而今在"互联网＋农业"趋势的影响下，这一领域也应该积极尝试变革。随着农村对农资、种子以及农业机械等需求的日益提升，在农村市场可以搭建一个农资的集中采购平台。如果是比较大型的农业机械设备，可以联手金融机构开展融资租赁，从而创造更大的发展空间。

商机评估：这个领域的商机，需要有多方面资源的支持，而且供销社可能会设置一定的门槛，因此创业者在这个领域进行创业的时候，可以选择相对比较发达、思想比较先进、对新事物接受程度比较高、深受互联网影响的农村地区。在资本的支撑下，创业者还应该积极与县级和市级的相关部门进行对接，在他们的协同作用下开展创业活动。

八、农村电商培训创业

在中央发布的20亿元扶持农村电商发展中，其中有一个方向就是开展农村电子商务培训。因此说整个农村电子商务培训方面也是一个巨大的市场，需要有具备一定互联网思维的人，深入到县域和农村进行交流和培训，向农民传授更多的电

子商务知识。

商机评估：既可以迎合国家政策的需求，也可以通过培训业务的开展带动创业，创业又可以为农村解决一部分就业问题。而且全国已经拥有了 20 多个农特微商创业孵化园，推动基地以及渠道的农特微商发展，这些申请农特微商的会员们会逐渐孵化成为导师，在自己操作农特微商的同时，影响和带动更多人。

九、农村旅游平台创业

农业互联网发展的趋势，不仅带动了农村市场的商品买卖以及服务，同时也促进了旅游业的发展，对于一些生产地标性特产的地方，可以通过搭建农村旅游体验平台，在为消费者提供乡村游以及特色产品体验的同时，带动农特产的销售。2015 年 6 月，农特微商领域的知名品牌"简小妞燕窝"开展了一场走进马来西亚的燕窝寻燕之旅，获得了比较好的品牌传播和营销效果。

商机评估：这种创业形式不需要太多商业化的推进，只要能够将全国的农业基地以及农特基地整合起来，然后将农特产的旅行体验粉丝作为主要的消费群体，就可以在带动农村旅游的同时，推动农特产的营销和推广。

【想一想】

互联网给农村带来哪些创业机会？

【议一议】

1. 在农村电商创业有哪些优势？

2. 适合自己的电商项目有哪些？我们该怎么做？

第三节 鲜活农产品电商的创业

衣、食、住、行是人们生活中不可或缺的四大要素。而随着互联网的飞速发展以及在人们生活中的渗透，衣、食、住、行开始摆脱传统形象的桎梏，以一种全新的面貌呈现在了人们眼前。在这四大要素中，食品方面未经加工的原材料可以算得上互联网还未涉足的处女地带，同样也具有较大的市场空间。随着新一代消费主体的崛起以及人们生活水平的不断提高，鲜活农产品网购将逐渐成为一种热潮，这也将是推动农产品行业发展进入一个新阶段的重要节点。

鲜活农产品电商市场作为一个刚兴起的领域，得到了众多企业和商家的青睐。那么，鲜活农产品电商应该怎样进行动作呢？

一、选择布局在二三线城市

之所以选择在二三线城市布局鲜活农产品电商，最主要的原因就是规避一线城市的激烈竞争，一线城市往往众星云集，实力也比较雄厚。如果在一线城市与他们竞争，不仅不会占据任何优势，反而会陷入进退两难的境地。

因此建议创业者可以选择竞争形势相对比较缓和的二三线城市作为突破口。有人或许会对二三线城市的市场前景提出质疑，但是从淘宝发布的官方数据显示，三线城市的购买力要大于一线城市，造成这种结果的原因是多种多样的。比如京东在一二线城市斥资的举动，最后并没有收到预期的效果。而且一线城市的生活节奏比较快，相较于自己做饭来说，在餐馆消费人更多一些，因此创业公司最初将鲜活农产品定位在一线城市并不是一个明智的选择。

高端农产品以及有机生态农产品与普通农产品相比拥有更高

的附加值，而且在市场上也得到了消费者的普遍认可，这才是正确的产品定位。有人也曾经提出过这样的疑问：高端和有机生态农产品固然附加值高，但是产品单价也要高，而二三线城市收入较低，消费者会愿意为这高附加值的产品买单吗？事实上关于这个问题，我们可以这样来思考：

(1)食品安全问题一直是国家最关注的问题之一，而且一些特殊的人群，如儿童、老人以及母婴等需要通过一些有机食品来满足自己的生活需求。

(2)淘宝数据显示，三线城市的购买力与一二线城市相差并不大。

(3)鲜活农产品只有在靠近产地的时候才能保证其鲜活性，因此在二三线城市更适合做鲜活农产品电商。

对创业者来说，选择在二三线城市创业，不管是在人力、仓储还是物流方面付出的成本要远远低于一线城市，从而可以让创业者有更多的资金促进企业的发展，并且也不需要面临激烈的市场竞争，可以集中精力专注于鲜活农产品的经营。

二、物流难题(冷链)及关联销售

要做好鲜活农产品，最关键的一个问题就是要解决好农产品的存储以及物流配送，这就需要搭建完善的冷链系统。顺丰凭借自己在物流方面的优势推出了顺丰优选，而中粮我买网也搭建了相应的冷链配送体系。阿里菜鸟物流业在冷链方面投入了大量的资金，用于鲜活农产品的存储和物流运送。而对于初创企业来说，由于在资金方面一般没有优势，因此在二三线城市搭建冷链物流相比在一线城市投入也比较少。

例如，豆腐和鲜肉都属于保质期比较短的产品，而且储存也比较难，因此可以将这两种产品作为关联产品进行销售，在销售鲜肉的同时，将豆腐以低价的形式卖给消费者。之所以会出现这样的产品搭配，也是出于对消费者实际生活的考虑，一般在生活中经常需要购买的食材基本都是价格比较低并且也难以保存的，因此这种关联销售能满足消费者对产品的需求，从而增强消费者对平台的黏性和忠诚度。在这一方面，阿里做得比较到位，依靠支付宝将用户牢牢地黏在了平台上，然后再与用户讨论收费的问题。

还有一种关联销售的模式就是按照菜品进行销售，如根据某一道菜中所需要的原材料将各种食材组合起来打包进行销售，这样不仅可以为消费者省去了寻找食材的麻烦，同时也可以带动商家的产品销售。

三、按需订制及小米模式

在国内，逢年过节有走亲串友的习俗，因此在过节之前，初创企业可以准备一些产品，如土鸡蛋、黑猪肉、土鸡等，并根据预订需求来进行供给，同时也可以融入更多的创意。如在企业开展农家乐活动的时候可以认养土鸡、猪羊等，在我们饲养之后就可以再将其卖给企业。

还有另外一种做法就是，如商家最近要出栏一批牛羊肉，那么就可以放在网络平台上让客户预订，根据不同的品质标注出不同的价格，供客户选择。

四、家庭联产承包责任制

创业者可以将具体的生产工作承包给农户，由农户提供实际的劳动力，而创业者只要给予相应的技术上的指导，并在最后收购的时候进行检验即可。可以先选择大型的供货商，然后再培养种植散户，之所以采用这种承包责任制的方式，原因在于以下 3 点：

(1)农户在养殖种植方面经验比较丰富，做起来也比较得心应手，而如果要自己做的话不仅需要花时间来研究，还会分散自己在产品运送以及销售等其他环节上的精力。

(2)这种方式可以促进当地的农民就业，为农民增收，符合国家政策需要，而且因为符合国家政策的支持，企业在发展过程中也会得到更多的扶持。

(3)家庭联产承包责任制的方式有利于推行模块化的产地管理，在产品的协调以及区域互补上也会提供更多的便利。

五、宣传营销

有效的宣传营销对于其能否发展成为优质的农产品电商具有重要的意义。创业者不仅要有宣传自己产品特色的勇气，同时也要有为客户提供贴心服务的理念。之所以要对自己的产品进行宣传，最终的目的就是为了能让更多的用户了解你，并选择你。自媒体营销模式就带动了一批产品的火爆，创业者可以从中进行一些借鉴。

【想一想】

鲜活农产品如何利用电商平台营销？

【议一议】

1. 你的农产品能利用电商平台销售吗？
2. 你生产什么农产品？用什么平台销售最合适？

第四节　农业创业者必须解决的问题

一、选准创业切入点

对创业者而言，在创业的开始阶段最关键的就是要选准创业切入点，这不仅决定着企业的发展方向，也关系到企业最终能否成功。

虽然有些企业属于同一个领域，但他们所处的环境和各自的发展状况都不一样，企业应该根据自身的实际情况，找出优势，完善产业链。现阶段农业创业领域中最火爆的当属生鲜电商，但其发展还处在探索阶段，最关键的还是切入点的选择，而不是急于扩展规模，否则只能始终处于弱者的地位，并且越来越落后。

2015 年，各大电商平台在生鲜电商这一领域重磅投资，不断完善自己的电商平台，这给资金有限的创业者带来巨大压力。一些小规模垂直电商企业试图通过完善物流体系来获得持续发展，然而京东和顺丰在这方面早就积累了多年的建设基础，其他竞争者就算是投资规模很大，也不可能在短时间内赶超。

垂直企业的运作方式就是将一系列高端产品包装成能够吸引更多消费者注意的形式，这是在农产品电商处在探索阶段的情形下可以实现的，还无法与大众生鲜电商匹敌。企业会在今后的发展中不断降低各个环节的成本消耗，大规模企业还会以不同方式来经营自己的产业链，有些企业会补贴生鲜类产品的运作，巨头迟早要将垂直电商纳入麾下。

二、深耕上游才是创业者的最佳姿势

互联网巨头企业涉足农产品电商领域的时间比较早，其边际成本也不高，简单来说，进军该领域是丰富其经营业务的多样性。巨头企业无论是在产品推广还是物流体系上都积累了发展资源，创业者和他们竞争获胜的可能性很小，深耕上游才是他们的最佳姿势。

中国农业产业在上游存在一系列阻碍因素：农产品缺乏统一标准、粗放型生产、不明确农产品的原产地等。而着手于该行业上游的发展很难，很多创业者不愿尝试。京东虽为互联网巨头，却进军农村地区，为了形成农产品的统一标准，提倡农户使用他们认准的作物种子，涉足生产环节，最终完善整个产业链。

中国农业产业的上游建设还要经历漫长的时间才能过渡到成熟阶段，作物品类多，又受到具体地理环境的影响，若要深耕上游，应该找到最具开发潜力的农产品。虽然发展电商平台给人一种很上档次的感觉，但对于创业者来说，最重要的是要生存，而不是和巨头企业竞争。农业企业普遍缺乏品牌意识，要明确产品定位，借力于互联网电商平台的发展，注重冷链物流的应用，建设企业品牌，获得消费者的认同。

三、农业创业的“七把剑”

1.加强生产环节的控制，提高产品质量

针对农产品品质较低的现状，应该加强生产环节的控制，制定作物种植的标准，并以产品质量作为级别划分依据。光靠投资是解决不了这个问题的，应该把重点放在农户和土地资源的整合上，如果做得不好，就会影响整体经营。投资虽然重要，但人力资源方面的阻力更大。多数科技人员不愿意深入到农村地区，要解决这个问题，就要发展本地区的农民科技人员，也可以避免外来人员流失的情况。

关于土地资源的整合，创业者受到资金的限制，不能像佳沃采取大规模收购土地资源的方式，但可以借鉴他们是怎样处理与农户关系的。

★企业投资租地，全面经营。

★和大户达成合作关系，获得土地管理权，企业负责产品销售，向大户提供生产技术。

★企业制定种植标准和质量标准，进行技术指导并给予补贴，负责产品销售，这在产品质量有保障的地区可以实行。

京东在这方面采取的措施与上述方法有共同之处：企业制定

标准，承担部分生产资料，基地负责作物生产。企业和基地的关系向松散化方向发展的可能性比较大，承担自身的职能，降低成本消耗。不过现阶段，我国由农户负责的农产品生产质量不高，还是应该加强管理。

2.租地不是创业公司的唯一选择

创业者的资金没有巨头企业那么多，不能大规模租地，农户也可能产生质疑，应该先与一部分农户达成合作关系，建设合作基地，对农户的生产活动给予帮助，还要发展企业品牌，然后再进一步深入。如果不能建设合作基地，企业也要制定标准，据此找到合适的产品进行推广，先建立自己的品牌，发挥品牌效应，寻求农户合作建设基地，加强产业上游管理。

不管怎样，创业公司都要联手那些有信誉保障的农户，即使刚开始不能建设合作基地，也不能放松质量要求。

3.做好初创环节的品类选择

我国幅员辽阔、地大物博，有各种各样的农产品，说一个品类可以形成一个产业也不为过。现阶段农产品电商还没有被农户普遍接受，冷链物流也有待发展，创业者在寻找切入点时要考虑其风险性。

以三只松鼠为例，它主营干果品类，这种产品不会在运输中产生损耗，库存难度小，标准实行也比较顺利，不过干果已经不属于生鲜产品。另外，三只松鼠根据自身实力，没有一上来就构建平台，而是选择合适的产品，不断扩大业务范围。优菜网之所以没有成功，不能保证产品的质量和供应是其原因之一。

相比于蔬菜产品，水果的储存时间更久一些，标准实行的难度也降低了，所以多数生鲜电商会选择水果而不是蔬菜。海鲜、肉类产品的经营难度更高，因为它们对冷链物流的要求高，标准实行也不容易。创业者应该根据自己的能力，不要轻易尝试那些运营难度高的品类。

4. 本地化和体验经济大有可为

优菜网惨败，其创业者断言，平台类企业不能选择生鲜品类，垂直企业做出这样的选择是自寻死路。不过甫田网和生活网的发展实例证明，本地化经营可以避免很多风险，而且他们运作的高端产品能够弥补成本方面的损耗。

本地化还有一个好处，经营者能够全面提高消费者的体验。没有打造消费者满意的体验是优菜网失败的原因。大多数用户已经习惯了去附近的菜市场买菜，不可能一下子转移到网络平台上，应该让消费者体验到线上买菜的便捷之处。青年菜君就是这样做的，他们为上班族准备了成品菜的材料，切实满足了消费者的生活需求。

借助于线上平台，针对本地消费者的生鲜电商可尝试提高选购过程的互动性和趣味性，中老年妇女是城市中主要的买菜群体，她们的空闲时间多，很想从日常生活中体验到更多乐趣。

上游产品发展到一定阶段后，如果产品的多样化有限，也可以联手零售商应用 B2B 模式，这种方式不仅能降低物流方面的消耗，提高运作效率，还能提高自身品牌的影响力，而且不会给其他竞争者带来威胁，还能深耕线下产品营销，增强消费者体验，逐渐形成自己的发展模式。

5. 根据产品特点来打击假冒伪劣

随着品牌知名度的提高，假冒伪劣产品问题也日渐突出。有消息揭露，昆明在售的褚橙九成是冒名产品，该品牌的信誉也因此降低。即使现在可以扫码验证，但还是不能排除假冒伪劣产品的可能，因为二维码可能也是假冒的。如果能够按照品类特征来打假就能事半功倍。褚橙品牌的知名度已经很高了，该产品可以学习小米打假的方法，指定销售商，限定渠道。若能从产品生产环节一直到销售终端都可以通过扫描验证，就能避免假冒伪劣产品的猖獗。

比如褚橙，有自己的官方网站，他们所有的产品都有二维码标志，通过扫描，消费者可以查询产品信息。举个例子，产品从新平金泰公司发送至本来生活网，在网络平台上销售。当消费者订购该产品时，网站会把交易的时间、价格等都输入其中，消费者可以通过二维码查询所购产品从生产到消费环节的相关信息，对产品质量放心。

并不是所有的渠道商都可以输入二维码信息，需要经过褚橙官网的批准，而且二维码中包含的信息是唯一的。通过查询二维码，消费者可以对照，看与交易信息是否一致，则产品真假一清二楚。另外，该信息在官网可查询，这就避免了鱼目混珠现象的发生。

6.在消费过程中加入人与人的连接

用户与用户之间、用户与产品之间、产品与产品之间的连接是互联网思维注重的一个侧面，能不能把用户的消费过程也延伸成用户与其他人之间的连接呢？

有些产品的销量不好并不是因为产品质量有问题，而是出在销售方式上。可以尝试把创业者的创业历程或生产者的相关事迹体现在商品的外包装上，这样消费者会对产品的质量更放心，另外，消费者还能了解创业者或者生产者的故事，甚至可以与其互动。

通过查询二维码中的信息，消费者可以知道生产者的联系方式，如果对产品质量不满意，消费者可以直接咨询生产方。除了减少消费者的担忧，还能发挥品牌效应，借此连接方式开发其他业务，如加强对生产地区旅游景点的宣传，不断积累长期用户。

7.注重品牌建设和标准的制定

在经营生鲜产品的电商企业中，褚橙是一个比较典型的代表，在那之后他们又尝试了潘苹果和柳桃，但并未成功，毕竟营销方式只是生鲜产品经营的一方面。柳桃也曾面向社会聚集众人的智慧来寻找自己的出路，孟醒（雕爷牛腩创始人）针对该产品提出的方案是，在联想的品牌效应和国外产地的基础上，制定能在全球实施的柳桃标准，将联想的标准拓展至整个领域都能应用，突破褚橙式的发展思路。

不管企业的具体发展规划是怎样的，品牌和标准都是不可或缺的两部分，品牌能够突出企业的独特性，标准则是品牌的基本框架构成，品牌以标准为基础才能获得长足的发展。如果某商品实现了标准的品牌化，就能成为该领域的典型代表。可以说，在某个领域建立起统一标准的企业，可以驾驭所有的电商经营手段，该企业也能成为这个领域中的掌舵者。随着互联网的普及和发展，会有越来越多的生鲜农产品拥有自己的品牌并制定产品标准，要将统一标准的制定作为战略组成部分。

行业变革是一把双刃剑，传统企业会因此面临压力，新兴企业可能看到更多的希望。现阶段我国正处在变革之中，企业想要在竞争中脱颖而出就要有所行动，要运用先进的技术，明确自己的优势所在，根据当前所处的环境，找到顺应社会发展潮流的发展方案，这样才能获得持续性发展。

【想一想】

在农村如何找准农产品销售的切入点？

【议一议】

1. 农产品电商有哪些关键点？我们重点要做什么？

2. 农村电商有哪些机遇和挑战？

第三章　淘宝开店——农村电商的主流平台

在网上创业的平台很多，常见的有淘宝、天猫、京东商城、1 号店、阿里巴巴等。现就创业的主流平台——淘宝和大家学习讨论。

第一节　开店准备

本教程是以个人开淘宝店为前提进行相关知识点的介绍。企业开店本教材不做讲解。

一、开店条件

在双创的大背景下，国家鼓励有条件的人利用自己的产品优势发展电子商务经济，电子商务在一个大的经济范畴内是实体经济有益的补充和发展。网上开店也是创业，要满足以下三点要求：

(1)有自己的优势产品；

(2)有一定的计算机办公应用技术；

(3)有创业资金。

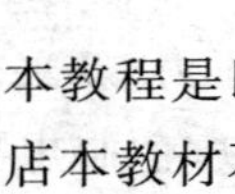

【案例分享】

沾化冬枣的电商之路

沾化作为冬枣的原产地，占尽天时、地利、人和之优势，并自发形成全国规模的冬枣交易市场。随着互联网的普及和电子商务的发展,当地人充分利用自己的产品优势,一部分懂电商技术、有资金实力的网络创业者在这几年迅猛发展起来,从而更加带动了当地冬枣市场经济的发展。

作为沾化冬枣的原产地、主产区,近年来,下洼镇依托其独特的资源和产业优势,牢牢抓住农产品质量安全的同时,大力发展现代电子商务,通过鼓励群众开设网店,与淘宝网、“好品山东”、京东商城等的电商平台合作建设直供集地,创新发展 B2B、O2O 电商模式,在“点击”之间实现了与消费者的“零环节”对接,成功走出了一条“特色产业+电商平台”的产业发展路子。并涌现出了一批网上销售冬枣的电商品牌。

二、开店硬件及资料准备

在网上创业的平台很多,常见的有淘宝、天猫、京东商城、1 号店、阿里巴巴等。无论在哪家平台开网店创业,都要有硬件和相关资料的准备。

硬件及资料准备:

(1)一台或几台电脑(根据网店规模和办公人员多少来决定)。

(2)一台数码相机(性能中等以上)。

(3)展台、灯光、背景布等(在创业初期也可去照相馆为产品拍照)。

(4)开通因特网服务(在移动、联通、电信三家网络运营商中选一家,带宽一般在 30～100 MB 不等)。

(5)智能手机一部。

(6)二代身份证、银行卡、移动电话号码(银行卡、移动电话号码用店主的身份证办理,银行卡的开户行最好是工商银行、建设银行、农业银行、中国银行这四大行,有些电商平台在账号注册时对地方银行的银行卡号审核时有通过率不高或审核不通过的现象)。

(7)办公场所和仓库(根据实际情况确定办公场所的大小和仓库的大小,初始创业者也可以在家中开网店)。

三、注册淘宝会员的方式

以上硬件及相关资料准备完毕后,接下来就可以选择一家电商平台从事电子商务销售产品了。本教程以开淘宝店为例进行讲解,开淘宝店有天然的优势——免费开店,投资成本和从业门槛相对较低。

在淘宝上开店,首先要成为淘宝的注册会员,也就是要注册一个淘宝账号,利用注册好的淘宝账号既可以在淘宝网上作为买家来买产品,也可以作为卖家开店销售产品。在以后的教程中我们重点介绍如何利用注册的淘宝账号作为卖家来销售产品。

下面介绍在淘宝网上如何注册会员,也就是在淘宝网上注册一个淘宝账号。

第一步,打开电脑,打开电脑桌面上的浏览器页面,浏览器地址栏输入淘宝网网址:www. taobao. com,按回车进入淘宝网首页。也可以进入百度搜索页面,在搜索框内输入关键词“淘宝网”,在搜索列表中找到淘宝网官网链接后单击进入。见图 3-1. 1 和图 3-1. 2。

图 3-1. 1

图 3-1.2

第二步，这是进入淘宝网后的界面（图 3-1.3），点击左上角"免费注册"字样。

图 3-1.3

第三步，点击“免费注册”后会看到如图 3-1.4 所示的用户协议，阅读后点击同意。

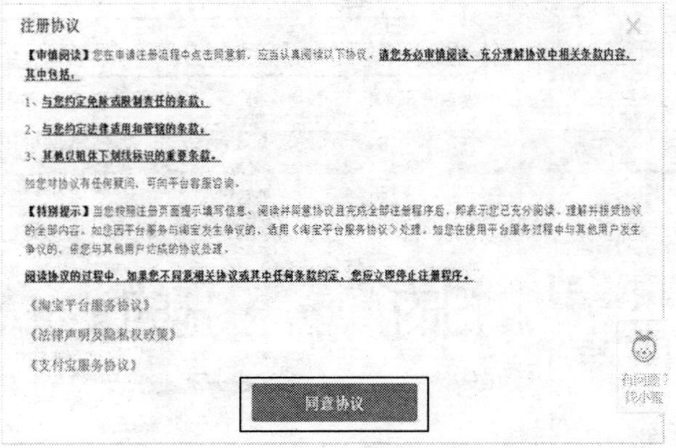

图 3-1. 4

第四步，参照图标上所标注的步骤，填写你要用来注册的手机号码(要能正常通信的大陆手机号码)(图 3-1.5)，完成后点击下一步。

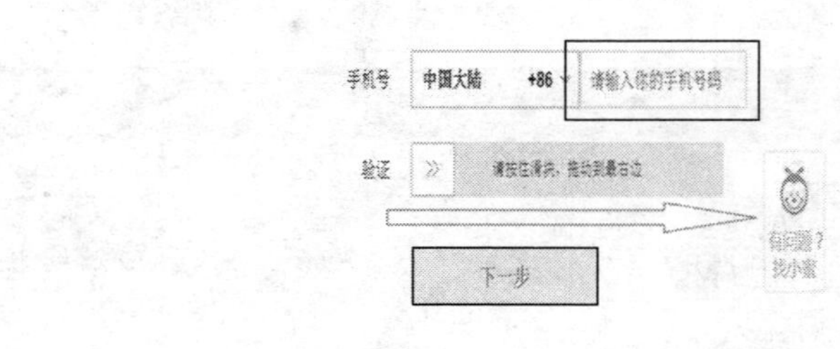

图 3-1. 5

第五步，点击下一步后会弹出如图 3-1.6 所示界面，淘宝官网会给你的手机发送一条验证码（六位数字）短信，然后把收到的验证码填到页面的文本框内。单击确认（图 3-1.6）。

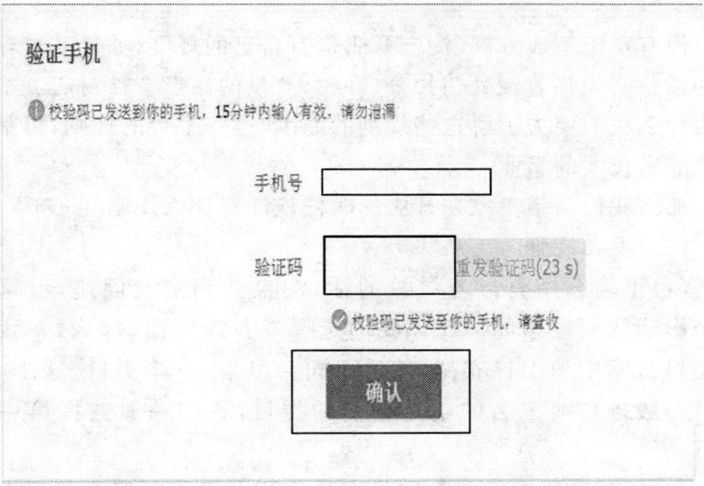

图 3-1.6

第六步，填写你的密码以及你的登录名（你注册的手机号也可以用来登录），然后点击确定。

第七步，根据提示输入银行卡信息，以及身份证信息，填写完成后点击“同意协议并确定”（手机号码和银行卡号都是用店主的身份证办理的，并且注册的手机号要与银行卡开户时留的手机号码一致）。

第八步，淘宝账号注册完成了。注意要保留好这个淘宝账号和密码，密码隔一段时间最好要更换。

四、开店注意事项

注册完淘宝账号只是开店的第一步，这步完成后要真正地开店还要注意一些开店事项，要掌握淘宝网开店规则；要有一个正确的心态，不能急于求成。

五、开淘宝店的规则

没有规矩不成方圆，淘宝开店也有自己的规则，如果不遵守规则的话就会面临着被处罚扣分、降权，严重的甚至会被封店。这就是为什么我们要去了解这些规则的原因，遵守平台的规则，脚踏实地才能做长久的事业。

那么我们新手卖家在开店的时候该注意什么规则呢？

（一）发布规则

（1）正确选择类目若错放的话，淘宝会判定我们违规，这样是会影响我们搜索的。比如我们选择发布连衣裙，那么，在我们的类目搜索中填上连衣裙，然后下面会出来 10 个类目，这 10 个类目一般排在前三名的就是我们的类目，我们一般选择第一个类目。

（2）标题设置准确并与宝贝有高度相关性。有好多新手卖家都是复制别人家的标题，这肯定是错误的，淘宝的搜索引擎有这样的一个特点，当淘宝的搜索引擎搜索到两款相同的宝贝时，淘宝系统会优先展示质量得分高的宝贝，那么我们复制别人的标题的话，由于宝贝是新品，我们的新品在淘宝上的搜索权重是很低的，淘宝自然不会优先展示我们的宝贝，而是展示别人的宝贝。所以我们新手卖家首先要做的是不要去复制别人的标题，而且选择标题也要跟宝贝的相关性高，你的连衣裙是无袖的就一定不要因为长袖连衣裙卖得火而加上长袖，这样的关键词是不精准的，流量引进来也是不精准的。

（3）宝贝描述符合宝贝本身属性，如果我们的宝贝描述不符合宝贝自身属性，淘宝就会判定你的宝贝描述不符，那么如何避免呢？我们在发布宝贝的时候要对自己的宝贝有清楚的认识和了解，完善宝贝信息的时候选择与自己宝贝相关性最高的选项，其次是详情页描述，以宝贝自身具有的属性进行描述。

(4)运费模板的正确设置。如果我们设置好了就可以直接选择运费模板，如果没有就选择新建运费模板，选择完之后，买家下单就会知道哪里包邮，哪里不包邮。

【看一看】

我们在发布宝贝的时候应该避免的事项

1. 滥用关键词。比如全网第一、销量最高等这些是不能用的。

2. 标题跟宝贝描述不相符。宝贝里的属性修饰词要与宝贝相符。

3. 属性、类目和宝贝本身不相符。我们选择类目的时候一般下拉框里面出现的第一个选项就是我们的最优类目。

4. 重复铺货。重复铺货是没办法发布成功的。

5. SKU(stock keeping unit 库存量单位)作弊。价格、尺码等这些就是 SKU，SKU 作弊就是虚构尺码、颜色、宝贝数量。这种都属于 SKU 作弊，一经发现，就会降权。

(二)交易规则

1. 交易流程

首先发布宝贝，发布商品需遵守商品发布管理规则，这个前面已经说过了，然后就是宝贝上架，上架之后会获得展现，这里我们说的是交易规则。那么卖家拍下你的宝贝，买家付款至支付宝，支付宝就会收到买家的货款，然后会改变交易状态为"买家已付款，等待卖家发货"，并会将更新的内容通知卖家。

这个时候我们卖家会收到下发图片样子的消息，然后就要核对地址，如果无误就准备发货，发货方式可以选择物流，然后确认发货。

当货物到买家手上，买家就需要确认收货，买家会对收到的货物的完好以及相符情况做出确认。如果买家对货物有疑义，可以拒绝签收或者与卖家联系，协商处理，如果协商不成功可以进行退款或者投诉。如果对货物没有疑义，就会确认收货，支付宝也会将对应的款项支付给卖家，交易状态也会更新为交易成功。然后买卖双方也会进行交易评价，大家要注意，评价的有效期是双方交易成功后的第 15 天，如果评价期间只有一方做出好评，那么评价期间结束后评价会默认好评，如果买卖双方互相或者单方给了中、差评，则在 48 小时内可以给予修改评价的机会。

2. 交易规则

(1)禁止虚假交易，如果被查出来，就会做违规处理，影响单品搜索权重跟店铺的搜索权重。

(2)禁止引导买家好评。任何引导好评都判违规，主图、详情页、聊天信息、SKU 都不能含有相关信息。

(3)退货的运费承担问题。如果买家收到货发现与商品不符，比如，买的是长袖，发的是短袖，这种情况下，淘宝是支持退货的，来回运费由卖家承担。如果对于商品没有约定清楚，如果达成退款协议，卖家承担发货退货费用，如果没有达成，由小二介入判断谁的责任，做退款、退货处理，这种情况就是买家承担费用。

(三)活动规则

既然说活动规则，哪些活动可以参加呢？进入卖家中心后台，进入营销中心，点击我要推广，就可以看到我们可以报的活动的常用入口，那么这些活动要报都要遵守官方规则(图 3-1.7)。

(1)近半年店铺非虚拟交易的 DSR 评分三项指标分别为 4.6 分以上，开店不足半年的自开店之日起算。

(2)出现《淘宝规则》中规定的违规情形，将限制参加营销活动。一般违规行为(虚拟交易除外)扣分满 12 分或 12 分的倍数之

图 3-1.7　禁止虚假交易

日起限制参加营销活动 90 天，比如虚假交易、滥发信息、描述不符……严重违规行为导致扣分满 12 分或者是 12 分的倍数将会限制 365 天，比如发布违禁信息、盗用他人账号……具体在《淘宝规则》中了解。

(3)近 30 天纠纷退款率超过店铺所在主营类目的纠纷退款率均值的 5 倍，且纠纷退款笔数大于或等于 3 笔的，限制参加营销活动。

(4)在上述标准中，特殊类目及淘宝网特定官方营销活动另有规定的遵从其规定。

【读一读】

新手常见的误区

(1)大量上架宝贝。这是一个很多新手会犯的错误，在这里我们说到一个店铺动销率：30 天之内有销量的宝贝数量和全部宝贝数量的比值，越高越好，如果你上架大量宝贝，新品没有及时破零，很影响动销率，90 天一个销量都没有就属于滞销宝贝，滞销率会影响店铺权重。

（2）集中上架宝贝。首先要知道宝贝临下架时扶持，权重更高，在淘宝上，同一个页面内，在同一个下架的时间内，最多展示店内的两款宝贝，这样会让自己店内宝贝恶性竞争。分批上架，拉长上架时间，并且同一时间下架的宝贝，不要竞争同一个长尾词，不然也会形成店内自我竞争，两个宝贝都不能获得排名。

（3）复制别人的标题。官方只会在首页推荐一款质量分高的相似宝贝，标题自己通过数据去组合。

（4）货源选择不慎重。后期运营起来很吃力，比如货源不行，你要退货的时候很慢，这就很麻烦。

（5）信誉越高生意越好。虚假交易扣分严重，直接影响到整个店铺权重，生意的好坏取决于店铺质量得分和宝贝本身的质量得分。

（6）价格越低生意越好。价格低时确实好卖，但是恶意低价竞争，淘宝会降权，不是越低越好。

（7）流量越高生意越好。生意的好与不好是收藏、加购、转化来决定的，收藏、加购、页面跳失率关系到宝贝受欢迎的程度，点击转化率影响宝贝的市场竞争度，要引导买家收藏、加购、转化（图3-1.8）。

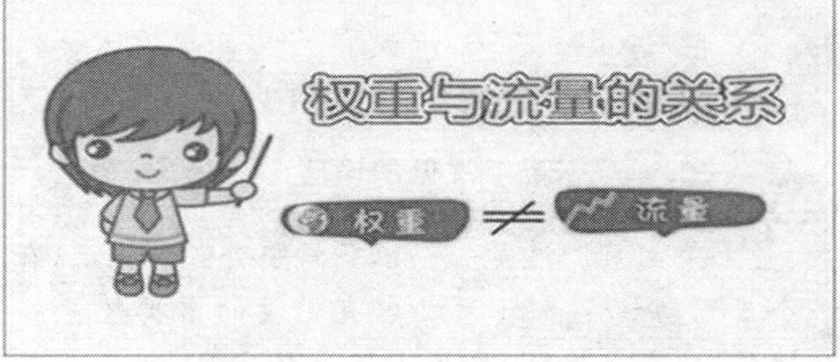

图 3-1.8　权重与流量的关系

这就是我与大家分享的开店规则以及新手卖家容易走进的误区，明白了规则，才可以走得更远，了解了误区才可以走得更快，希望对店长朋友们有所帮助。

更多的规则，可以在淘宝网上或百度搜索学习掌握，这里不再一一赘述。

【想一想】

在淘宝上开店需要做哪些准备？需要注意哪些问题？

【议一议】

1. 注册淘宝会员有哪些步骤？怎么做？

2. 新手有哪些误区？如何避免？

第二节　找好货源

在淘宝网上开店是为了通过销售产品或提供服务盈利。这就出现一个问题，销售什么样的产品呢？在淘宝网上展示和销售的产品千千万万，要找一款适合自己的产品销售也不是个容易的事情，这就需要做好货源的寻找工作。

要寻找好的货源，先要市场调研，根据自己的实际情况，结合市场需求，寻找适合自己又有市场需求的产品，还需要关注产品的货源。对于产品的货源可从以下几个方面考虑。

一、批发市场进货

先从自己所在的地区或省份近距离寻找产品批发市场，在批发市场内进行市场调查，寻找适合自己的产品，然后找3～5家产品批发商或生产厂家谈合作意向，并确定产品的进货价格、供货方式、结算方式、售后服务、退换货等相关事项和规则。

也可以去全国有名的产品批发集散地去考察寻找货源。例如，义乌的小商品享誉全国和全世界，去那里可能会发现好的商机。

二、厂家进货

你也可以直接从产品的生产厂家进货。如果觉得身边的工厂生产的产品正好适合你的销售或者其他地区或省份的工厂你有好的进货渠道，也可以选择从厂家进货进行网上销售。

这里的厂家，指的是亲戚朋友开的工厂或有熟人在工厂内部工作的厂家，这样才方便用低价拿较少的量。

三、一件代发

一件代发是指供应商可以提供分销商的一种经销模式，不需要经销商压库存，有了订单之后，再将订单交予供应商，由供应商来处理订单的配发事宜。通俗地讲，就是只要下面的分销商有订单付款了，不管付款多少件，都可以将订单导入供应商来帮忙发货。

【看一看】

一件代发的优势：

1.经营者不需要自己备库存，可以解决库存积压风险和占用库房费用；

2.经营者不需要自己发货，发货材料等也不需要自己去采购，等有订单直接给供应商即可；

3.经营者没有进货数量以及金额的限制。

一件代发的劣势：

不能形成自己的销售品牌。店铺经营过程中的无形资产积累效果不显著。

【读一读】

网上提供一件代发的平台有很多，本教程列举几个平台仅供大家参考。

1. 阿里巴巴批发市场

不选择淘宝上的一件代发，主要从几个方面考虑，阿里巴巴的一件代发提供商，比淘宝有更多的资料认证。所在位置，第三方场地认证，工商营业执照，税务登记证这些都齐全。在淘宝上却不能看到这些资料，比较难判断，有些更是服务工作做得很不好，产品质量也比较差。让你投入时间和精力，而没有回报。

进入阿里巴巴首页→有个淘货源→先选择产品→点击一键上传，在淘宝上把价格更改一下就可以了。如果有人给你下单，你需要去阿里巴巴店铺里代销下单，这个按钮和一键上传淘宝在一起，然后阿里巴巴店铺负责给你的客户下单。

有的阿里巴巴店铺通过后台设置，如果有人在你的淘宝店铺上下单，之后可以同步在阿里巴巴店铺生成订单。

2. 天猫供销平台

可能产生的开店成本费用较高，不做详细介绍。

3. 其他网站平台

四、自有货源

利用自己的资源优势，将自己的农产品或自己工厂生产的产品利用网店进行网上销售，增加产品的销售渠道。

【想一想】

淘宝开店如何找好货源？该怎么做？

【议一议】

1. 一件代发有哪些优势？有哪些劣势？

2. 一件代发的平台有哪些？各有什么特点？

第三节　安家落户

一、免费开店

有了淘宝账号，也对淘宝开店的常用规则有了一定的了解，并且也有合适的产品销售，那下一步就是利用淘宝账号开通店铺。在淘宝网这个平台开网店是免费的，但并不意味着开店过程中都是免费，以后的店铺装修、产品主图和详情页设计制作、产品推广和流量获取都会有费用产生，对初涉电商的学员来说，要有心理上的准备。

下面先说如何完成免费开店：

第一步：利用注册的淘宝账号和密码登录淘宝网。

第二步：单击淘宝网首页右上角的“卖家中心”——“免费开店”（图 3-3.1）。

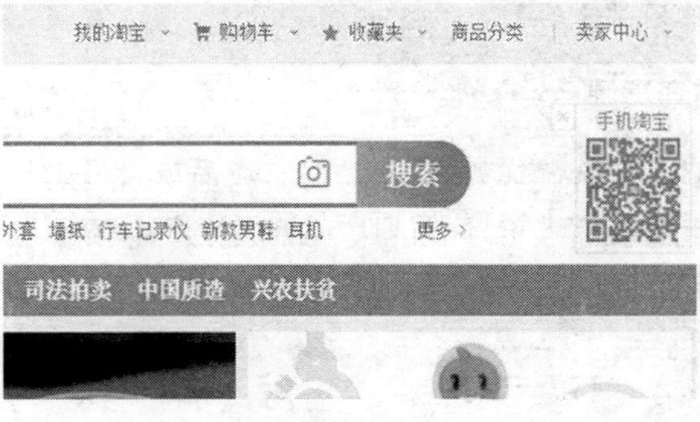

图 3-3.1

第三步:完成支付宝实名认证。

首先知道支付宝是什么,支付宝是全球领先的独立的第三方支付平台。作为一个第三方安全交易平台,消费者把钱支付给支付宝,在交易完成后,消费者通过确认,支付宝把钱打给卖家,中间如果出现问题可以投诉,支付宝出面解决问题,钱是留在支付宝不会打给卖家的。总之,是为淘宝买家、卖家进行担保服务,还有缴费、转账、信用卡还款等功能。

知道了支付宝的作用后,接下来就要完成支付宝的实名认证。

首先做好相关准备工作:店主已经成年,并拥有自己的身份证、银行卡、移动电话号码。

再次登录 www.alipay.com 支付宝账户(账户类型:个人账户),在"我的支付宝"首页,请点击"申请认证"。

进入支付宝实名认证的介绍页面,输入校验码,请点"立即申请"继续(图 3-3.2)。

图 3-3.2

仔细阅读支付宝实名认证服务协议后,点击"我已经阅读并同意接受以上协议"按钮,才可以进入支付宝实名认证。

您有两种进行实名认证的方式可选,请选择其中一种,点击"立即申请"。如果通过"支付宝卡通"来进行实名认证,点击"立即申请”按照提示步骤来申请开通。

如果选择“通过确认银行汇款金额的方式来进行实名认证”，点击“立即申请”(图 3-3.3)。

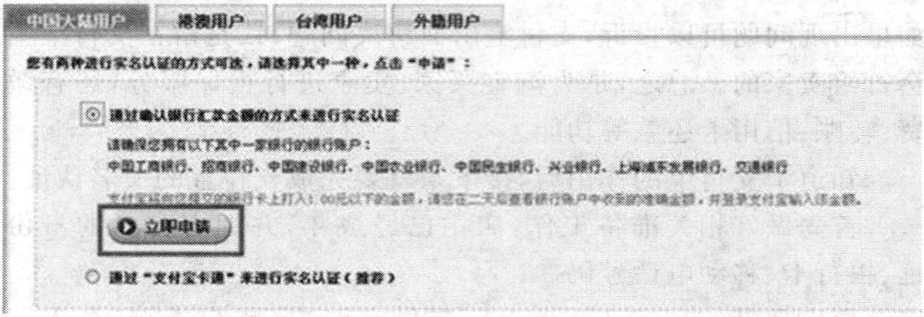

图 3-3.3

正确选择您身份证件所在的地区，正确选择后才能顺利地完成您的支付宝实名认证。

因为系统不断升级，以上过程仅供学员参考，淘宝网上支付宝的实名认证过程是动态变化的，最终以淘宝网的实际认证过程为准。

第四步：淘宝开店认证。

完成支付宝的实名认证后下一步就是淘宝开店认证，这时就要用到一部智能手机，在开店准备一节中早提到过。并提前在手机上下载阿里钱盾，并安装。

首先还是在淘宝网首页按注册好的淘宝账号登录，再单击淘宝网首页右上角的“卖家中心”—“免费开店”进入“我要开店”界面(如果没有安装钱盾的话，先下载安装钱盾软件，安装完成再登录账号)，然后单击“立即认证”(图 3-3.4)。

图 3-3.4

在手机上打开“扫一扫”，将相机对准电脑上的验证码，打开验证信息(图 3-3.5)；

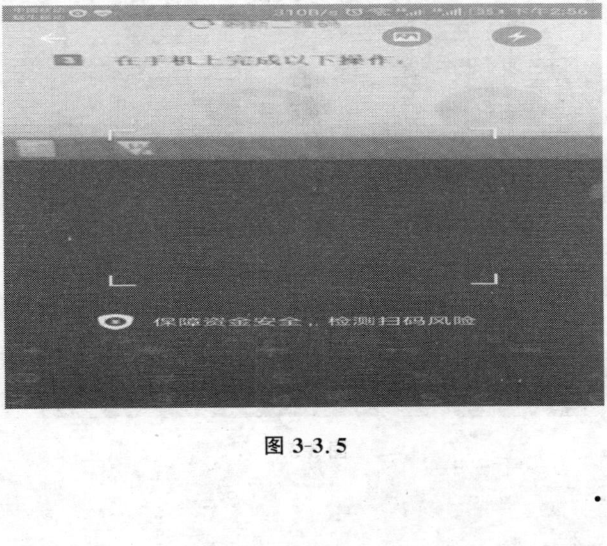

图 3-3.5

已经成功识别身份信息，等待页面初始化(图 3-3.6)；

图 3-3.6

现在初始化完成，认证页面刷新出来，单击“开始认证”(图 3-3.7)；

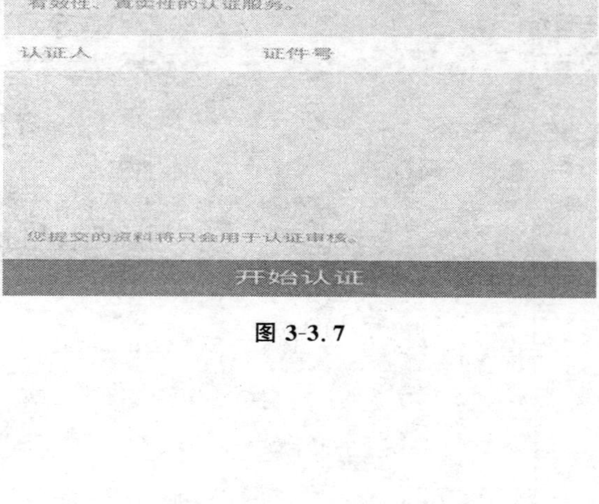

图 3-3.7

先来进行人脸认证，根据提示配合相应的动作就可以了，这里最好用有前置摄像头的手机进行验证，点击"准备好了，开始"就可以了(图 3-3.8)；

图 3-3.8

通过人脸信息以后，开始上传身份证信息，单击"立即拍照"(图 3-3.9)；

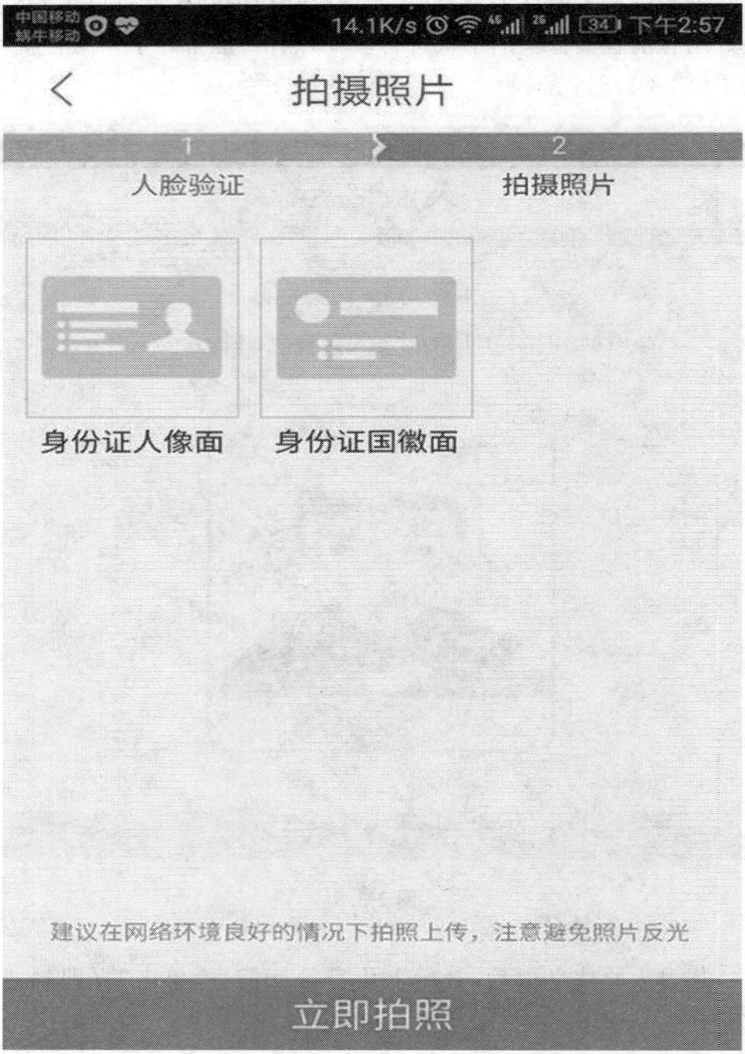
中国移动
蜗牛移动
14.1K/s
34
下午2:57
拍摄照片
1
2
人脸验证
拍摄照片
身份证人像面
身份证国徽面
建议在网络环境良好的情况下拍照上传，注意避免照片反光
立即拍照

图 3-3.9

身份证照片正反拍摄完成,单击“提交”(图 3-3.10);

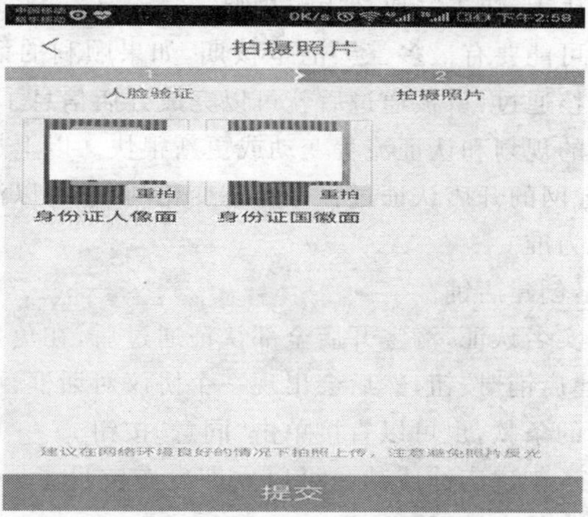

图 3-3.10

现在软件提示“正在提交审核……”(图 3-3.11)请耐心等待……

图 3-3.11

最后软件提示"认证成功,感谢您对阿里的信任和支持,现在就可以去开店了,快去完成开店信息吧"。

这期间可能要有最多三天的审核期,如果顺利的话可能一天之内就能审核通过,审核通过后就可以完成开店信息了。

淘宝网的规划和认证流程变动或更新很快。以上过程仅供学员参考,淘宝网的开店认证过程是动态变化的,最终以淘宝网的实际认证过程为准。

第五步:创建店铺。

支付宝实名认证,淘宝开店全部认证通过后,在免费开店界面下单击"创建店铺"按钮,然后会出现一个协议对话框,可以事先阅读一下里面的条款,也可以直接单击"同意"按钮。

屏幕提示创建店铺成功。可以立即发布宝贝了,或者现在可以开始装修您的店铺了。

二、店铺后台管理

店铺创建成功后,进入店铺的后台管理系统。如图3-3.12所示。

图 3-3.12

淘宝店铺后台管理系统的所有管理功能都在最左侧的列表中。从上至下依次是我的订购应用、常用操作、交易管理、自运营中心、物流管理、宝贝管理、店铺管理、营销中心、数据中心、货源中心、软件服务、淘宝服务、客户服务。

后台管理系统涵盖的面很广，本教材面向基础应用学员，只对淘宝店铺管理常见的几个功能作详细说明，其他项目不一一列举说明。

三、预防网络诈骗

淘宝店开通后，在上传你的产品和装修期间以及在店铺刚刚运营起步阶段，要有充足的防诈骗的心理准备，现在总结起来一般注意以下三个方面。

(1) 开店后，通过旺旺、QQ、电话等任何途径主动向您索取保证金的都是骗子。

(2) 淘宝网在任何情况下都不会用 QQ 与您取得联系，任何使用 QQ 联系您的“客服”都是骗子。

(3) 卖家可自由选择是否立即缴纳保证金，缴纳保证金在卖家中心里有指定的入口，谨防被骗。

四、缴纳消费者保证金

进入自己的淘宝店铺后台管理系统，单击淘宝服务栏目中的消费者保障服务，进入缴纳界面。如图 3-3.13 所示。

选择一种缴纳方式，一般选现金方式，单击“现金账户可用余额”右侧的“缴纳”按钮。

可单击“点击查看各类目保证金额度要求”查看自己应该缴纳多少钱的保证金。然后输入具体的金额、支付宝的支付密码，单击“确定”按钮(图 3-3.14)。

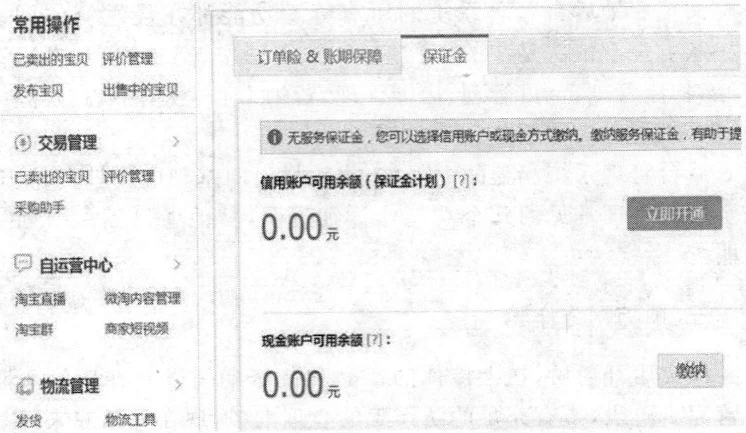
常用操作
已卖出的宝贝 评价管理
发布宝贝 出售中的宝贝
交易管理
已卖出的宝贝 评价管理
采购助手
自运营中心
淘宝直播 微淘内容管理
淘宝群 商家短视频
物流管理
发货 物流工具
订单险 & 账期保障
保证金
无服务保证金，您可以选择信用账户或现金方式缴纳。缴纳服务保证金，有助于提
信用账户可用余额（保证金计划）[?]：
0.00元
立即开通
现金账户可用余额 [?]：
0.00元
缴纳

图 3-3. 13

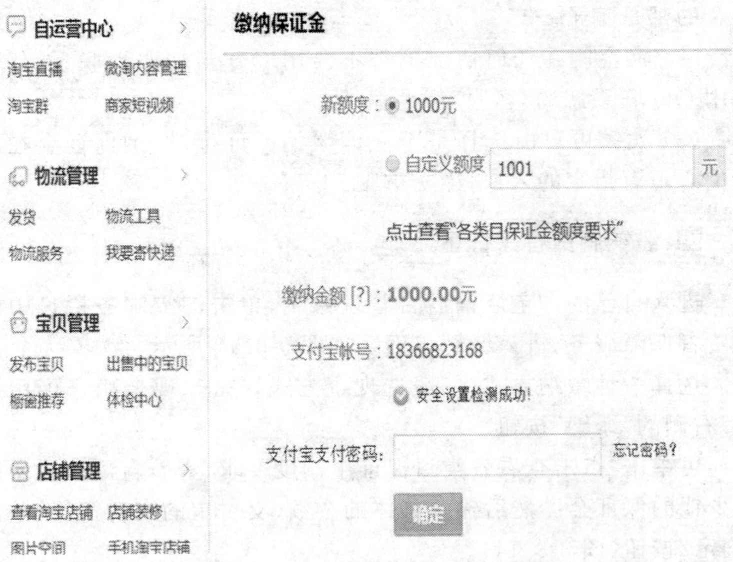
自运营中心
淘宝直播 微淘内容管理
淘宝群 商家短视频
物流管理
发货 物流工具
物流服务 我要寄快递
宝贝管理
发布宝贝 出售中的宝贝
橱窗推荐 体检中心
店铺管理
查看淘宝店铺 店铺装修
图片空间 手机淘宝店铺
缴纳保证金
新额度：1000元
自定义额度 1001 元
点击查看"各类目保证金额度要求"
缴纳金额 [?]：1000.00元
支付宝帐号：18366823168
安全设置检测成功！
支付宝支付密码： 忘记密码？
确定

图 3-3. 14

【想一想】

开淘宝店如何认证？分几个步骤？应该注意哪些细节？

【议一议】

1. 如何预防网络诈骗？应该注意哪些事项？

2. 店铺后台如何管理？

第四节　宝贝上架

在这一节主要讲解如何把现实中的产品转换成电子版，上传到自己的网店上展示并销售。

一、产品拍照

第一步：准备一款中档以上的数码相机。

首先要告诉大家的是，尽量不要用手机拍摄，其实稍微懂行的人都明白，像素并不是决定图片清晰的关键，想要图片清楚明亮，要查看相机的感光元件大小。好一点的卡片相机，就可以秒杀手机了，建议大家都使用相机，并不一定是要单反相机，卡片机就可以！

第二步：准备摄影环境。

硬性条件：良好的光线，优美的环境。

绝大多数时候我们周围的光线都是不足的，这时候除了把相机曝光提高，也可以在光源上想办法，一般我们都可以用柔光灯，或者用专门的摄影棚。左右光源是必须的，然后进行拍摄。

第三步:关于柔光箱的选择。

如果你要拍摄的产品是非常小的,这时候就不必进摄影棚了,用柔光箱就可以进行拍摄。例如,手镯这一类进行拍摄,只需要在柔光箱里放入垫纸和小道具,然后把灯打开,把宝贝放在里面拍摄就可以了。一个柔光箱的价格也不贵。

第四步:服装类真人拍摄。

一些服装类的产品,一定需要真人进行拍摄。尽量不要盗取他人的图片,发现盗用图片,会对店铺进行惩罚,这也是为什么很多店主情愿花大钱找模特也不用别人图片的原因。真人的拍摄方法和普通人像拍摄没什么不同,但是一定要给产品细节特写。

第五步:掌握好拍摄技巧。

在注意以上步骤的前提下,就需要研究拍摄技巧了。一般光线强的情况下我们拍摄的照片都是不难看的,如果你更追求好看的话,可以多去专业的论坛进行学习,或者说多看看相机的说明书。一般使用近距离拍摄的模式来给宝贝拍照片。

第六步:适当的后期处理。

淘宝宝贝的拍摄技巧:注意在拍摄完宝贝后,一定要知道怎么进行后期处理,后期处理我们以明亮鲜艳为主,但是要注意尽量保持原有色调。特别是衣服、布料等产品,如果你为了追求图片的好看,改变了宝贝的色差,可能会引起买家的不满,给差评。

二、宝贝主图

淘宝店铺中产品展示时一个产品要有五张主图,每张图的尺寸大小为 800×800 像素。通过这五张主图使消费者能从正面、侧面、俯视、背面、细节五个关键环节了解产品。以某一淘宝店的一个产品为例说明一下什么是主图,如图 3-4.1 所示。

本教程为初级教程,关于如何制作宝贝主图,涉及平面设计软件的应用,这里不做详细介绍。

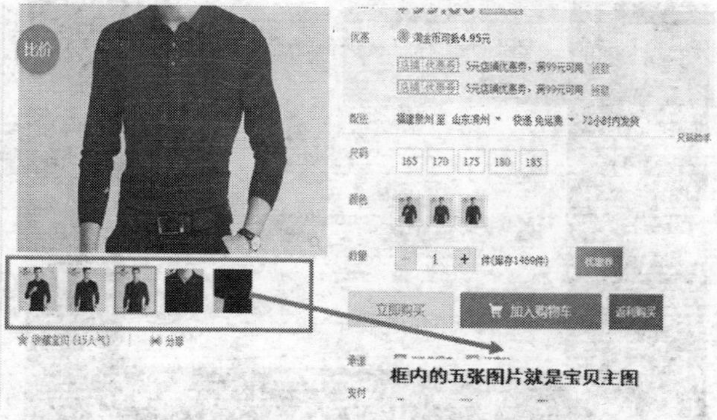

图 3-4.1

三、宝贝详情页

详情页直接影响用户的访问时长，高品质的详情页能够增加用户停留时间，提高用户购买概率，但是详情页的制作比较麻烦，涉及平面设计软件的应用，读者可以找专门的书籍了解。

四、上传宝贝图片至店铺图片空间

在淘宝首页输入淘宝账号和密码，单击“登录”，然后单击“卖家中心”进入店铺后台。如图 3-4.2 和图 3-4.3 所示。

图 3-4.2

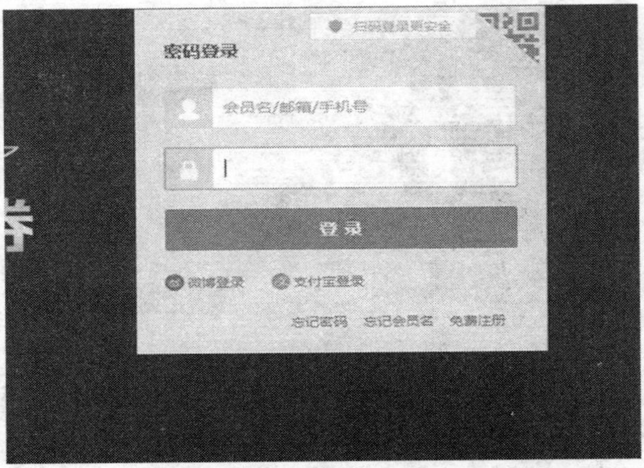

图 3-4.3

(1)在后台管理界面左侧的“店铺管理”区单击“图片空间”进入店铺图片空间管理界面。如图 3-4.4 和图 3-4.5 所示。

图 3-4.4 店铺管理

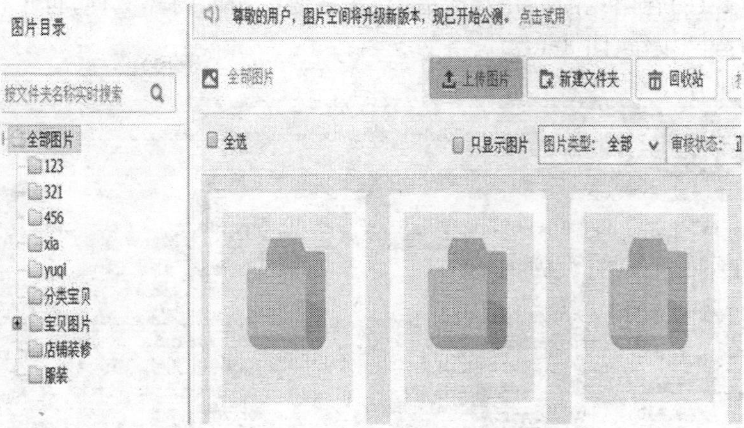

图 3-4.5　图片空间

（2）在左侧图片目录区，选择一个目标文件夹，如果没有合适的存放文件夹，也可以新建一个文件夹用来存放将要上传的图片。然后单击右侧的“上传图片”按钮，再单击“点击上传”按钮。如图 3-4.6 所示。

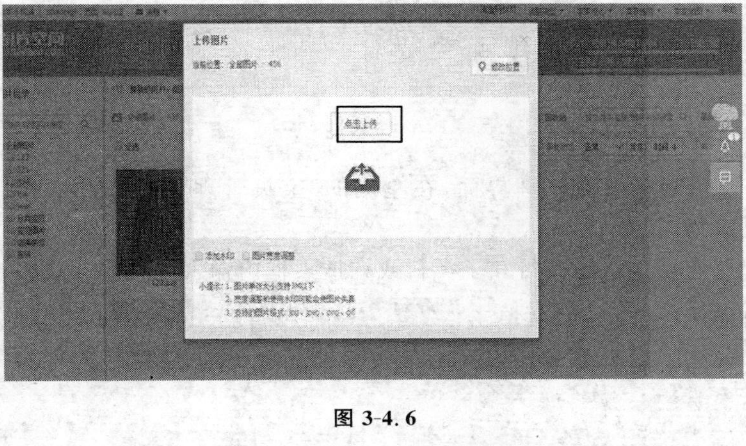

图 3-4.6

(3)在出现的打开对话框中,选择要上传的图片文件,再单击“打开”按钮(图 3-4.7)。

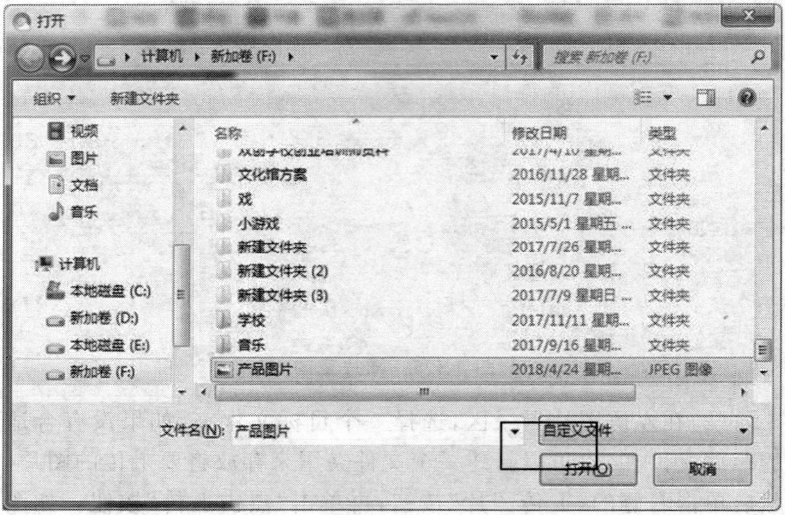

图 3-4.7

在图片空间界面下,还可以对上传的图片进行删除、替换、移动等基本操作,此处不做一一介绍。

五、宝贝上架

在店铺后台管理界面,在左侧的“宝贝管理”下单击“发布宝贝”,如图 3-4.8 所示。

选择合适的类目和子类目或在搜索框内输入关键词后让系统自动匹配类目,然后单击 

按钮,然后进入产品发布界面。如图 3-4.9 所示。

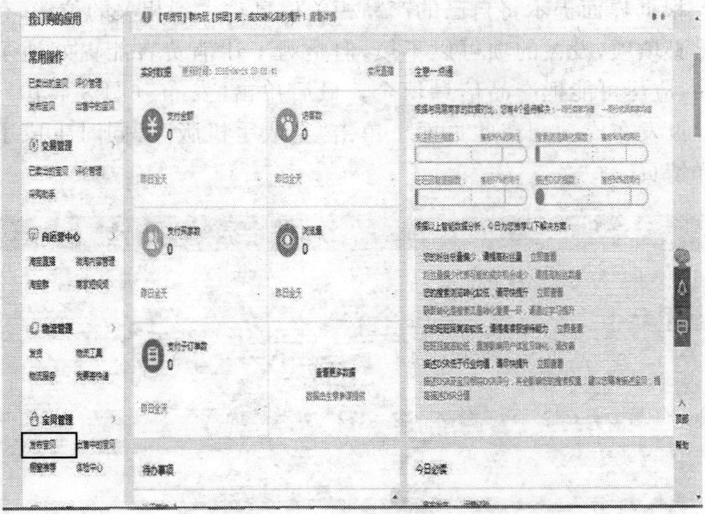

图 3-4. 8

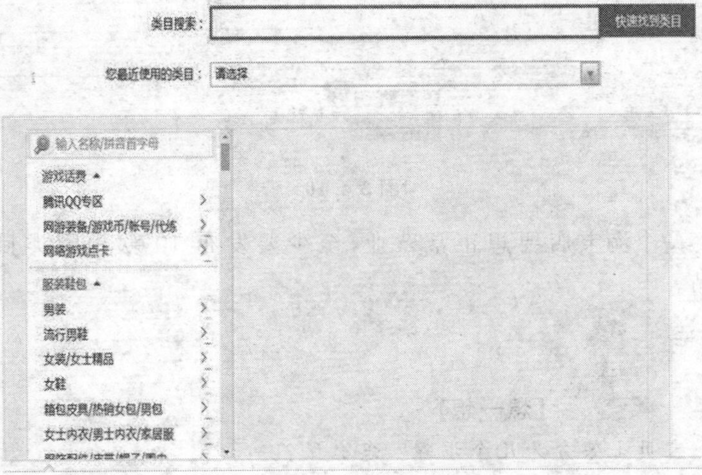

图 3-4. 9　产品发布界面

根据界面提示将自己的产品相关信息输入到相关的位置,有*的是必填项,没*的项可以不填,但是为了让消费者能更好地了解产品,应尽可能把产品信息填全。最后单击“发布”(图 3-4.10),提示宝贝发布成功。在此页面下单击“生成手机版”可同时生成手机版详情页。

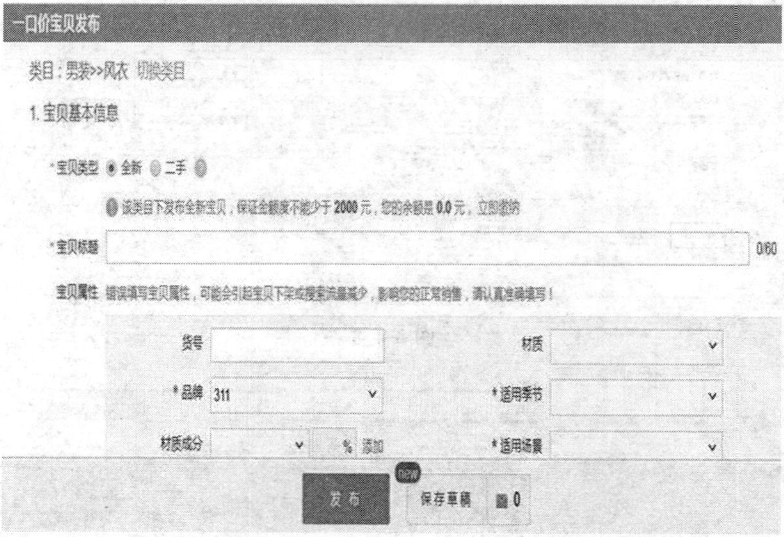

图 3-4.10

一个淘宝店要想正常营业,至少要发布 10 款相同类目的产品。

【想一想】

宝贝上架分为几个步骤?怎么做?

【议一议】

1. 产品如何拍照？照片如何美化？为什么必须美化？

2. 如何将宝贝图片上传至店铺图片空间？

第五节　店铺装修

淘宝店铺装修就是对店铺的模板、店招、轮播、产品分类等项做精细化设置，本教材只对模板、店招、轮播做详细介绍。

一、选择模板

进入店铺后台管理，在左侧的“店铺管理”区单击“店铺装修”，如图 3-5.1 所示。

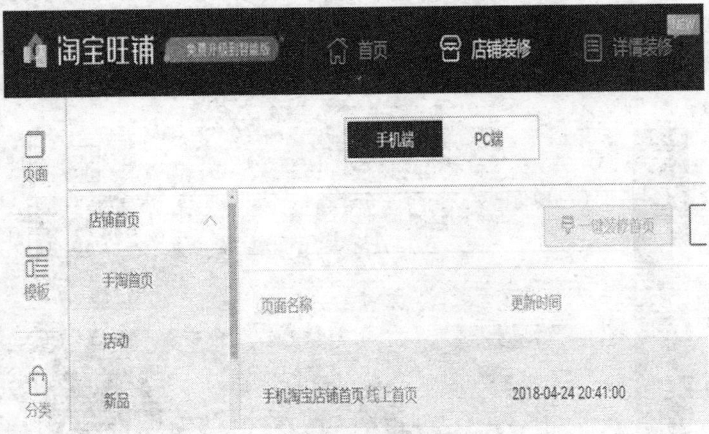

图 3-5.1　单击“店铺装修”

单击“PC 端”，再单击“首页”右侧的“装修页面”按钮，进入装修页面，如图 3-5.2 所示。

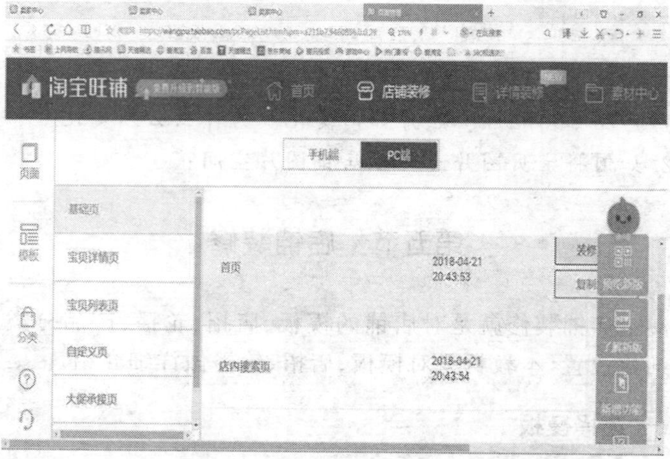

图 3-5.2 单击“装修页面”按钮

在此界面下设置店标、图片轮播图(一般 2～3 张)、产品分类等操作。设置完毕单击“发布站点”(图 3-5.3);

图 3-5.3 单击“发布站点”

二、店招

在装修页面中，双击店招区域，出现一个店招设置页面。如图3-5.4所示。

图 3-5.4 单击“选择文件”

单击“选择文件”选择早准备好的店招图片文件，单击“打开”再单击“保存”(图3-5.4和图3-5.5)。

三、轮播图

在装修页面中，双击图片轮播的区域，出现一个店招设置页面。如图3-5.5所示。

图 3-5.5 双击“图片轮播”

选择图片的地址和交易链接地址，单击“保存”，如果想增加第三个，可单击右下角的“添加”按钮（图 3-5.5）。

【想一想】

1. 如何店铺装修？具体怎么做？

2. 如何添加轮播图？具体怎么操作？

第六节　轻松交易

淘宝店上传完宝贝、完成装修后，还不算大功告成，特别是流量红利越来越少的现在，坐等消费者上门是不可能的，必须掌握一些店铺推广方法。让网上的消费者能更容易地发现你的店铺，或发现你店铺的某一款主打产品。店铺推广有免费和付费两大类，下面我们分别做介绍。

一、店铺免费推广方法介绍

1. 微博推广

新浪、网易、搜狐、腾讯微博是必做的，可以用一个微博应用工具绑定四个站的微博，然后只需要发一条微博就可以在四个站的微博上同时看见了。非常实用！如果再有人转发你的微博，那效果就可想而知有多强了！

2. 博客推广

这个当然是必须做的，QQ、新浪、网易、百度、搜狐空间；写上一篇好的文章软文，复制到这 5 个空间里去就行了。当然了，博客也不是任何人都能做好的。如果你文采很好，又善于写文章，又有大量时间上网，可以试试哦。

3. 论坛贴吧推广

一个活跃的平台，有着不可忽视的广告效果！SEO必做；针对自己产品的用户群，去对应的论坛上发信息。很多论坛都有专门发广告和供求信息的板块，那些地方基本上不会被删帖，但是效果可能不是很好。所以建议自己写软文，去最火的板块里发，那样效果才更好。不会写软文的，你可以去改别人的呀！如果你连修改都不会的话。那你就发硬广告吧！

4. 问答推广

百度知道、soso问答、新浪爱问、雅虎知识堂，这些都是国内最权威的、最活跃的问答网站，做法与做淘宝大体差不多。不怕被删除答案，可以在去回答别人的问题时直接贴自己店铺的地址，也可以就留下联系方式让他联系你。你帮他解答疑问后再随便做下广告！如果没有你想回答的那方面问题，你也可以自己模仿着提问，然后自己用小号去回答。这样别人在搜索这个问题时，就很有可能搜索到你这个问题了。而且还可以贴上自己的店铺地址，答案也能被采纳。是个不错的方法哦！

5. 百度百科推广

百度百科推广相对来说就要难很多，但是它的精确度很高，基本上每个词语都有一个百科的，而且百度的百科权重非常高。不信你可以去搜索试试看，任何一个有百科词条的词语，排名都在百度搜索的首页出现。如果你能在这上面贴上你网店的地址，那你可就赚了。

6. 百度经验推广

百度经验也是一块肥肉，而且它很容易成功，是贴店铺地址做广告最好的地方。方法很简单，就是按它的要求分享经验。至于经验的话，你完全可以上网找一些网站上大把的经验分享文章。去找几篇改一下，上传上去就能成功了。大家可以去试试！建议最好先去看一下别人是怎么做的，看了你就会了。

7. QQ 空间推广

你可以将你的 QQ 空间装修得和你的店铺一样，这样别人一点就进到你的空间，肯定会有人好奇而点进你的店铺里来的。这招非常实用！想想 QQ 那几亿的用户群，可是一个不错的推广群体哦！

8. 供求信息推广

可以去一些供求信息上发布出售信息，留下自己的 QQ 号或者店铺地址，有人看到信息后就会来联系你的。这些地方就是发广告的地方，只要不违法，都不会被删除的。建议大家去国内最大的信息网上发布，这样不仅被人看到的概率大，而且对于搜索也是有天大的好处的。至于那些网站，就请你自己去找了，写出来是广告。

9. QQ 群推广

最好是加一些商业群，以免一发广告就被人踢出。最好去和大家多聊几句，混个脸熟。有的群需要验证，你可以说是群里的朋友或者老大介绍来的，请加群。也可以去将他们的群号到百度里去搜索一下，看一下他们主要是做什么的，然后，验证时你就说你是做那方面的，用这两种方法大都能加进去的哦！

10. 邮件群发

邮件群发是一个必然有效果的营销方式。这就是一个概率的问题，就像那些天天群发手机短信的人一样，虽然我们不上当，但还是有人会上当的。这个最好利用工具来群发，概率低点也没事，反正是工具发，也花不了多少时间的。有很多店铺已经靠这个方法做成好几个皇冠了，现在下手还不晚。

二、店铺付费推广方法介绍

1. 淘宝直通车

淘宝直通车，是淘宝网为淘宝卖家量身定制的推广工具，是通过关键词竞价按照点击付费，进行商品精准推广的服务。

淘宝直通车是要花钱的，不宜同时给多个宝贝设置关键词。可以选择几个有代表性、利润空间大的宝贝来设置，否则钱花了却没有产生一点效果。设置好的关键词尤为重要，所谓好的就是有很多客户能搜索到的，即热门关键词。当然价格不能设置太低，太低排到后面也没用，可以适当为一个宝贝只设置一个热门关键词。如果不知道哪些是热门关键词，可为一个宝贝设置多个关键词，价格设置低点，注意观察哪些词点击率高，点击率高的自然就是热门关键词。

2.淘宝客

淘宝客是帮助淘宝卖家推广宝贝并按照成交效果获得佣金的网站。这不失为一种好的推广方法，好就好在成交后卖家才向淘宝客支付佣金报酬，相当于为自己的店铺找了很多促销员。但淘宝客也要吃饭，他们会选择一些有一定信用的店铺来推广，这样可以提高成交量，提高他们的收入。所以，没有信用的店铺不容易找到淘宝客。

选择淘宝客关键是要看，网站的日流量大不大，流量大的不但能大大提高店铺的人气，更能产生不少成交量。此外，还要有针对性，寻找有购买需求的客户常常光顾的网站，比如购物网、信宫打折网等，毕竟找对目标，成交率会大大提高。

3.超级卖霸

超级卖霸是将卖家产品集中在一起，以专题活动的形式进行集中展示，并整合淘宝优质的广告资源进行强力推广，帮助所有卖家更大范围、更强力度、更有效地集中推广商品以及店铺。

集中展示：以主题活动的形式将宝贝集中在一起展示，形成主题卖场。

超高流量：利用淘宝、阿里旺旺、阿里妈妈三大平台优势资源，站内外合力推广超级卖霸，淘宝网根据不同卖家的不同推广需求，制定不同的主题推广活动，把参加活动的宝贝集中在一个页面推广，以帮助参加活动的卖家更好地推广宝贝。每期主题活动一般是 7 天，活动流量 50 万左右，以具体活动为准。费用需要几千元，根据排名先后收费，排在先的收费高。

4. 开通旺铺

开通旺铺可以自由装修店铺，使店铺更有个性、更漂亮、更好地展示宝贝，宝贝图片也更大。没有加入消保要 50 元一个月，加入消保后只要 30 元一个月。虽然旺铺不能为我们带来客户，但是它可以为我们留住客户。

5. 加入消保

此计费用太高，需要成本达 1 000 元之多，普通小卖家很难接受。但是加入消保的好处还是很多的，淘宝越来越多的活动都限制，只有消保卖家才可以参加。无疑对于没有加入消保的卖家是个很大的打击，所以建议各位如果条件允许，还是赶快加入消保。

6. 赞助社区活动，提供奖品

经常在社区各个板块都看到有征集奖品的主题帖，凡是符合要求提供奖品的卖家，将会获得相应论坛首页醒目位置的广告位。到时候该板块的掌门护法会把你的店铺、产品链接放在最醒目的位置，为你做店铺推广哦。此计不需要另外付钱，只需要提供一定数额的商品给淘宝，就能获得推广。如果资金充足就直接在社区打广告。

7. 钻石展位

钻石展位是专为卖家推广宝贝而推出的广告位，您在淘宝上看到的大多数的图片位置都属于钻石展位。它是按照展现次数来收费的，您的推广图片不做展现就不收费。CPM(每千人成本)单价是根据您的竞拍成交价来计算。比如，您花 1 元竞得 1 个 CPM，表示您的推广图片被展现一千次后，要支付 1 元。钻石展位能不能收到效果，很大程度上取决于您的广告图片有没有吸引力。要清楚，钻石展位与直通车明显的区别是，钻石展位是把宝贝推荐给不一定想买您宝贝的人，而直通车恰恰是把宝贝推荐给想买您宝贝的人,可见,没有吸引力,他们是不会点击的。

8. 广告联盟

国内最好的百度联盟,效果是比较显著的,不过需要耗费大量资金。

9. 阿里妈妈广告投放

阿里妈妈有很多提供广告位的网站,由于这些网站规模都不大,所以广告费都不高,分为按时间收费和按点击收费两种。

三、卖家交流工具的介绍

千牛卖家版客户端软件可以下载到电脑上安装使用,也可以下载到智能手机上安装使用。千牛卖家工作台,阿里巴巴集团官方出品,淘宝卖家、天猫商家均可使用。包含卖家工作台、消息中心、阿里旺旺、量子恒道、订单管理、商品管理等主要功能,目前有两个版本:电脑版和手机版。千牛 PC 版是在卖家版阿里旺旺的基础上升级而来。其核心是为卖家整合店铺管理工具、经营咨询信息、商业伙伴关系,借此提升卖家的经营效率,促进彼此间的合作共赢。

1. 下载

第一步:登录百度首页,在浏览器地址栏输入网址 http://www.baidu.com 按回车(图 3-6.1)。

图 3-6.1　登录百度首页

第二步：在搜索框内输入关键词“千牛卖家版”，单击“百度一下”（图 3-6.2）。

图 3-6.2　搜索“千牛卖家版”

第三步：选择合适的版本，再单击“普通下载”或“高速下载”。本例中以电脑版为例，单击“普通下载”后出现下载对话框。指明下载位置和文件名后，单击“下载”直到完成（图 3-6.3）。

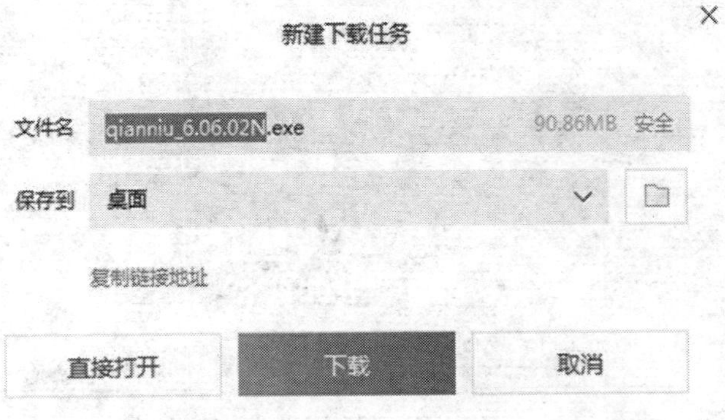

图 3-6.3

2. 安装

双击下载到电脑上的安装程序。根据提示依次单击“下一步”直到完成。

3. 使用

千牛有两个版本，一个是移动版的（包括 iPhone 版和安卓版等），另外一个是 PC 版的。鉴于大多数卖家都是习惯电脑操作，千牛这款软件界面很简单、很好用，大家自己研究一下即可。其实移动版的设置和使用方法也是大同小异，很容易操作。

千牛这款软件除了内嵌有阿里旺旺之外，还附带有高端大气、上档次的客服工作台，在右边你可以看到你自己店铺的实时情报、各项指标和数据，知己知彼方能百战百胜啊！

另外，在软件界面右侧，我们可以很明显地看到有很多小插件，除了官方自带的几个插件，你也可以自己添加噢。

“常用入口”，我们可以惊讶地发现很多小功能都被集聚在这里了，大大地减少了我们的工作量，提高了我们的工作效率。

另外值得一提的是交易管理，不过我们需要对其进行授权，其他的小插件几乎都是通过授权的方式，才能够正常使用的。

总而言之，千牛的功能大概可以归纳为“更好的搜索和推荐”“更多订单的显示”“更方便客服工作”“更牛的插件中心”。

四、客服

网店客服是网店的一种服务形式，通过网络开网店，提供给客户解答和售后等的服务，称为网店客服。目前，网店客服主要是针对网店的客服，就是阿里软件提供给淘宝掌柜的在线客户服务系统，旨在让淘宝掌柜更高效地管理网店，及时把握商机消息，从容应对繁忙的生意。

由于网络购物还属于新兴行业，相关的职业培训和就业市场都没有建立，许多淘宝卖家，为到哪里去找合适的客服担忧，而许多有意愿、有能力的、从事网店客服的人也愁于无法找到有需要的网店。

在淘宝网招聘论坛里，相当数量的网店店主表示，他们愿意招聘残疾人从事网店客服。因为对于这一职业而言，只要不影响打字，残疾人可以和健全人做得一样好。甚至有店主表示，他更愿意招聘残疾人，因为残疾人本身的能力不输于健全人，而且他们更加珍惜来之不易的网上工作机会，比健全人更加努力，所以，多数残疾人实际上做得更好。

【资料赏析】

一些淘宝卖家也会为了有效的管理，专门制定《网店客服手册》，对网店进行流程化管理。其中包括《商品明细及销售准则》《快递选择原则及资费标准》《销售、售后处理流程》《消保计划相关条款》《客服附加守则》《公司运营管理制度》等多套行为准则。只要网店客服人员按照流程工作，网店工作会变得井井有条。

一、工作流程

(1)熟悉产品，了解产品相关信息。对于客服来说，熟悉自己店铺产品是最基本的工作。每一个新产品上市之前，公司都要开展相关的产品培训，客服是联系店铺和客户之间的桥梁，一旦这个桥没搭好，也许你就永远失去了这个客户。因此，客服要对产品的特征、功能、注意事项等做到了如指掌，这样才能流利地解答客户提出的各种关于产品信息的问题。

(2)接待客户。作为导购客服来说，最好要热情、活变。一个优秀的客服懂得如何接待好客户，同时还能引导消费者进行附带消费。对于那些讨价还价的客户，首先需要阐明一个店铺立场，产品的价格都是很低的，不好再还价了。如果客户非得纠缠在价格这个因素上，看情况决定是否接下这单生意，就算最终给客户优惠了，也要顺水推舟让客户觉得这个优惠来之不易，是店铺对他个人的特殊优惠。

在接待客户这个环节上主要有两种途径实现，一是利用阿里旺旺、QQ等即时通信工具和客户进行沟通；另外一种则是接听客户打进来的电话。对于电话沟通，要求客服更具活变性，毕竟你无法像在旺旺上一样，拥有足够的时间进行思考。

(3)查看宝贝数量。店铺页面上的库存跟实际库存是有出入的，所以客服需要到网店管家当中查看宝贝的实际库存量，这样才不会出现缺货发不了订单的情况。利用一款淘宝卖家专用的浏览器叫网店奇兵，可以在页面上同步库存数据，非常方便。

(4)客户下单付款，跟客户核对收件信息，很多卖家朋友容易忽视这一点。虽然大部分客户在购买的时候，地址是正确的，但也有一部分客户因收件信息发生变动而忘记修改。作为一个买家来说，本人经常帮朋友买东西，有时候也会忘记修改成朋友的收件信息。所以在客户付款之后，记得跟你的客户核对一下收件信息，不仅可以降低你的损失，也可以让你的客户觉得你是在很用心地做事情。在核对客户信息的同时，还要提供店铺可以发的快递公司，询问客户喜欢发什么快递，毕竟每个快递公司在每个城市、每个区域的服务水平都是不一样的。根据客户的需求，一切以客户为中心，如果客户没有明确表示的，我们就按默认快递发。

(5)修改备注。有时候客户订单信息、或者是收件信息有变，那么作为客服，你就有义务将变动反馈出来。这样，制单的同事就知道这个订单信息有变动，一般情况下，默认用小红旗来备注，里面写上变动事由，修改人工号和修改时间。这样，变动情况就一目了然了，后面用网店管家做单的时候也能直接地抓取出来。

(6)发货通知。货物发出去之后，用短信给客户发条信息，告诉包裹已经发出，也可以增加客户对你店铺的好感度。对于拍下商品未付款的客户，如果旺旺在线，可以在下午的时候，给客户发个信息，就说快到接单的时间了，如果马上付款的话，今天就可以发货，这叫作“催单”。对于客户来说，有些客户可能下单后忘记付款了，然后慢慢就忘记这回事了，你稍微提醒一下，让他想起这回事，这样的话，等于你又多拉了一个客户。对于那些没打算购买，只是一时冲动拍下的客户，可以手动关闭订单，虽然淘宝系统到时候会自动关闭。为方便其他同事工作，重复拍下的订单类似此法，关键要跟客户联系一下，问清楚购买意向。

(7)货到付款的订单处理。淘宝网开通货到付款功能，对于卖家来说，是一件好事。但是很多买家并不清楚货到付款的含义，买家直接选用货到付款，等收到货物的时候，一看价格比网站上贵一些，于是会认为你店铺是在欺骗他，拒收订单。如果只是拒收订单，你只是需要多支出一些快递费用。但是如果客户在心里认为你是在欺骗他的话，你失去的可能就是一个客户了。所以，对于客服来说，一看到货到付款的订单，需要立即联系买家，告知货到付款的价格稍微要贵一点。如果买家同意发货到付款那就可以通知制单的同事打单发货了，否则就需要重新下单。这一点深有感触，货到付款刚出来的时候，发现货到付款的拒收率很高。于是后来我们就让客服给客户打电话确认，虽然电话费是多支出了一些，但是实施情况证明，正常情况下非快递因素的拒收率为零。

(8)客户评价。交易完成之后，记得给客户写个评价，这是免费给店铺做广告的机会。

(9)中、差评处理。很多朋友被这个信誉度搞得欲哭无泪。中、差评不是魔鬼，中、差评不可怕，可怕的是不去处理。当发现有中、差评的时候，赶紧跟客户沟通一下，看看是什么情况导致的。客户不会无缘无故地给你中、差评的。先了解情况，然后再来解决问题，晓之以理，动之以情，一般客户都会给你修改评价的。对于一些恶意评价来获得不当利益的买家，客服就要注意收集信息了，以便为后面的投诉翻案收集证据。

(10)相关软件的学习。比如前面说到的网店管家或者淘宝网店版这类的店铺管理工具,借助辅助工具,提高工作效率。

二、售后

这一块需要专门一篇文章来讲解的,主要就是这样几个步骤:安抚—原因—解决—致歉—感谢。

一般售后问题客户都有一些不满或者情绪问题。首先要安抚,在情绪平稳后再进一步商议解决方案,退换货、退款等,双方商议一致解决方案,然后再表达我们的歉意,让顾客心里感觉舒适。最后再一次满足顾客就是上帝的心态,感谢他们的理解,欢送。

三、欢送＋好评

订单支付以后,需要给客户确认发货信息,不要让人感觉卖了东西态度就大转弯了。首先是发货信息,是当天发货,还是3天内发货,还是其他什么情况,需要您及时查看物流信息。其次是欢送:感谢您的惠顾,期待您的再次光临。最后是好评:收到货物后请给我们全5分好评(5分好评得优惠券等),如有不满请及时联系我,我们的进步离不开您的支持＋笑脸表情。

(资料参考:https://baike.baidu.com/item/%E7%BD%91%E5%BA%97%E5%AE%A2%E6%9C%8D/3301515?fr=aladdin 有修改)

【想一想】

千牛卖家版客户端软件如何下载、安装、使用?

【议一议】

1.店铺免费推广方法有哪些?怎么做?

2.店铺付费推广方法有哪些?如何选择?

第四章　微商运营——风起云涌的自媒体营销

中国电子商会微商专委会发布的《2016—2020 年中国微商行业全景调研与发展战略研究报告》显示，截至 2016 年底，微商从业者近 3 000 万人，微商品牌销售额达到 5 000 亿元。截至 2017 年底，微商的总体市场规模已达到 8 600 亿元，微商从业规模达到 5 000 万人。基于微博、微信、微店、微视频为代表的自媒体营销已经成为当今产品营销的新业态，并且这种势头风起云涌，势不可挡。

第一节　微商

微商是基于移动互联网的空间，借助于社交软件为工具，以人为中心，社交为纽带的新商业。因为入门门槛低，近几年迅速发展成为一种基于移动端的电商新模式，并深受用户的青睐。

一、微商的概念

现在普遍是采用微博、微信、微店、微视频或 QQ 空间发布产品图片展示，从而产生交易的一种方式。

二、选择产品

中国电子商会微商专委会发布的《2016—2020 年中国微商行业全景调研与发展战略研究报告》显示，美妆、针织、母婴、大健康、农特占据着微商的主要市场份额。据2017年中国社科院和腾讯大数据发布的《社交网络与赋能研究报告》显示：中国超过半数的年轻人愿意尝试以互联网和社交网络为平台的职业，其中排名第一的是“微商”，比例达到30.3%，这些令人吃惊的数据，彰显了微商正在“化蝶和裂变”。

三、销售模式

微商经历了以速度为王、产品为王、团队为王、品牌为王的阶段，接下来将朝着构建完整微商生态系统的趋势发展，形成完整的商业闭环，上、中、下游相互协作、相互推进。

上游：供应链→制造业

中游：品牌公司→代运营TP

下游：代理商→创业者→消费者

四、远离网络传销

值得注意的是，近年来，随着移动互联网、网络购物、跨境电商等网络概念和营销方式的发展，一些传销组织采用所谓微商、电商、多层分销、消费投资、旅游互助等名义，以高额回报为诱饵，发展人员形成上下线关系，推销产品和服务，从事传销活动。特别是一些境外传销组织，向境内群众推销境外产品和服务，通过境外网站用外币结算或者直接到境外交钱加入，以逃避境内法律法规和执法部门的约束和监管，行为更加隐蔽，甚至以合法、受支持的新兴互联网企业面目示人，导致众多人上当受骗。

根据禁止传销的相关法律法规规定，不管传销组织如何变换手法伪装自己，只要同时具备以下三点就可以断定涉嫌传销：一是交纳或变相交纳入门费，即交钱加入后才可获得计提报酬和发展下线的“资格”；二是直接或间接发展下线，即拉人加入，并按照一定顺序组成层级；三是上线从直接或间接发展的下线的销售业绩中计提报酬，或以直接或间接发展的人员数量为依据计提报酬或者返利。再简单讲，只要具备“交入门费”“拉人头”“组成层级团队计酬”就可认定为涉嫌传销。

请广大群众切实提高守法意识和风险意识，防止成为传销链条的一环，从上当受骗者成为参与传销的违法人员，损害个人信用和声誉。同时，应理性选择合法投资渠道，不要被所谓“快速致富”诱惑。一方面应慎重寻找投资对象，选择网络加盟商、渠道商之前，不但应查询其登记注册、经营资质等基本信息，还应认真分析其利润来源，判断所谓高额回报是否符合正常经营规律。另一方面，多方了解投资项目，对网上宣传的基金、股权、股票等，应通过证监会、银监会、工商管理等部门核实，了解国家对其是否设定准入门槛、有无限制性规定等。远离传销陷阱，避免财产损失，对发现和掌握的传销违法犯罪活动线索，可积极向当地工商、公安机关反映。

【想一想】

微商有哪几种方式？我们最适合哪种方式？

【议一议】

1. 什么是网络传销？传销有哪些方式？

2. 我们怎么拒绝诱惑，与非法传销做斗争？

第二节　微博

一、微博的概念、产生及特点

（一）概念

微博（Weibo），即微型博客（Micro Blog）的简称，也即是博客的一种，是一种通过关注机制分享简短实时信息的广播式的社交网络平台。

微博是一个基于用户关系信息分享、传播以及获取的平台。用户可以通过 WEB、WAP 等各种客户端组建个人社区，以 140 字(包括标点符号)的文字更新信息，并实现即时分享。微博的关注机制分为单向、双向两种。

微博作为一种分享和交流平台，其更注重时效性和随意性。微博更能表达出每时每刻的思想和最新动态，而博客则更偏重于梳理自己在一段时间内的所见、所闻、所感。因微博而诞生出微小说这种小说体裁。

(二)发展历程

2014 年 3 月 27 日晚间，在中国微博领域一枝独秀的新浪微博宣布改名为“微博”，并推出了新的 LOGO 标识，新浪色彩逐步淡化。

微博包括新浪微博、腾讯微博、网易微博、搜狐微博等，但如若没有特别说明，微博就是指新浪微博。

最早也是最著名的微博是美国 Twitter。2006 年 3 月，博客技术先驱 blogger 创始人埃文·威廉姆斯(Evan Williams)创建的新兴公司 Obvious 推出了大微博服务。在最初阶段，这项服务只是用于向好友的手机发送文本信息。

2007 年 5 月，国际间计算总共有 111 个类似 Twitter 的网站。然而，最值得注意的仍是 Twitter，它于 2007 年在得克萨斯州奥斯汀举办的南非西南会议赢得了 Blog 类的网站奖。Twitter 的主要竞争对手是 Plurk 和 Jaiku。后来微博客的新服务特色持续诞生，例如 Plurk 有时间轴可以观看整合了视讯和照片的分享，Identi、Pownce 整合了微博客加上档案分享和事件邀请。Twitter 在国外的“大红大紫”，令国内有些人终于坐不住了。

从校内网起家的王兴在 2006 年把企业卖给千橡互动后，于

2007年5月创建了中国第一家带有微博色彩的社交网络平台“饭否网”。而腾讯作为一个拥有4.1亿QQ用户的企业，看到用户对随时随地发布自己状态的强烈需求后，也忍不住尝试了一下，2007年8月13日腾讯滔滔上线。

2009年7月中旬开始，国内大批老牌微博产品（饭否、腾讯滔滔等）停止运营，一些新产品开始进入人们的视野。像开放的叽歪，6月份开放的Follow5，7月份开放的9911，8月份开放的新浪微博，其中Follow5在2009年7月19日孙楠大连演唱会上的亮相，是国内第一次将微博引入大型演艺活动，与Twitter当年的发展颇有几分神似。

2009年8月中国门户网站新浪推出“新浪微博”内测版，成为第一家提供微博服务的门户网站，微博正式进入中文上网主流人群视野。随着微博在网民中的日益火热，在微博中诞生的各种网络热词也迅速走红，微博效应正在迅速形成。

2009年微博这个全新的名词，以摧枯拉朽的姿态扫荡世界，打败奥巴马、甲流等名词，成为全世界最流行的词汇。伴随而来的是一场微博世界人气的争夺战，大批量的名人被各大网站招揽，各路名人也以微博为平台，在网络世界里聚集人气。同样，新的传播工具也造就了无数的草根英雄，从默默无闻到新的话语传播者，往往只在一夜之间、寥寥数语。

截至2013年上半年，新浪微博注册用户达到5.36亿，2012年第三季度腾讯微博注册用户达到5.07亿，微博成为中国网民上网的主要活动之一。

2015年1月，微博放开140字的发布限制，少于2 000字都可以，1月28日对微博会员开放试用权限，2月28日将正式对微博全体用户开放。

（三）特点

因为微博有140个字的长度限制，所以以英文为例，一个英文单词加上空格平均也要五六个字符，而中文以双字词为主，这样每条 Twitter 能够传达的信息量，就只有一条中文微博的 1/3 左右。如果用信息密度更低的语言（比如西班牙语）写微博，所传达的信息量就更少了。微博有以下特点：

1. 便捷性

微博提供了这样一个平台，你既可以作为观众，在微博上浏览你感兴趣的信息，也可以作为发布者，在微博上发布内容供别人浏览。发布的内容一般较短，有 140 字的限制，微博由此得名。也可以发布图片，分享视频等。微博最大的特点就是：发布信息快速，信息传播的速度快。假如你有 200 万听众（粉丝），你发布的信息会在瞬间传播给 200 万人。

相对于强调版面布置的博客来说，微博的内容组成只是简单的只言片语，从这个角度来说，对用户的技术要求门槛很低，而且在语言的编排组织上，没有博客那么高。其次，微博开通的多种 API 使得大量的用户可以通过手机、网络等方式来即时更新自己的个人信息。

微博网站即时通信功能非常强大，可以通过 QQ 和 MSN 直接书写。在有网络的地方，只要有手机就可以即时更新自己的内容。

对于一些大的突发事件或引起全球关注的大事，如果有微博客在场，利用各种手段在微博上发表出来，其实时性、现场感以及快捷性，甚至超过所有媒体。

2. 背对脸

与博客上面对面的表演不同，微型博客上是背对脸的交流，就好比你在电脑前打游戏，路过的人从你背后看着你怎么玩，而你并不需要主动和背后的人交流。可以一点对多点，也可以点对点。当你 follow 一个自己感兴趣的人时，两三天就会上瘾。移动终端提供的便利性和多媒体化，使得微型博客用户体验的黏性越来越强。

3.原创性

在微博上,140字的限制将平民和莎士比亚拉到了同一水平线上,这一特点导致大量原创内容爆发性地生产出来。李松博士认为,微型博客的出现具有划时代的意义,真正标志着个人互联网时代的到来。博客的出现,已经将互联网上的社会化媒体推进了一大步,公众人物纷纷开始建立自己的网上形象。然而,博客上的形象仍然是化妆后的表演,博文的创作需要考虑完整的逻辑,这样大的工作量对于博客作者成为很重的负担。"沉默的大多数"在微博上找到了展示自己的舞台。

4.草根性

微博客草根性更强,且广泛分布在桌面、浏览器和移动终端等多个平台上,有多种商业模式并存,有形成多个垂直细分领域的可能。但无论哪种商业模式,都离不开用户体验的特性和基本功能。

(1)信息获取具有很强的自主性、选择性。用户可以根据自己的兴趣偏好,依据对方发布内容的类别与质量,来选择是否"关注"某用户,并可以对所有"关注"的用户群进行分类。

(2)微博宣传的影响力具有很大弹性,与内容质量高度相关。其影响力基于用户现有的被"关注"的数量。用户发布信息的吸引力、新闻性越强,对该用户感兴趣、关注该用户的人数也越多,影响力越大。只有拥有更多高质量的粉丝,才能让你的微博被更多人关注。此外,微博平台本身的认证及推荐亦助于增加被"关注"的数量。

(3)内容短小精悍。微博的内容限定为140字左右,内容简短,不需长篇大论,门槛较低。

(4)信息共享便捷迅速。可以通过各种连接网络的平台,在任何时间、任何地点即时发布信息,其信息发布速度超过传统纸媒及网络媒体。

(四)知名平台

由于微博背靠新浪网、腾讯网等老牌且强劲的国内知名网站，媒体优势得天独厚，换句话说，单从基因比较，微博的媒体基因就比 Twitter 来得更深一些。另一方面，微博的出现，让国内网民拥有了一个可以独立自主且相对自由的发声渠道，许多一手新闻甚至猛料均来自草根。在国内监管较为严格的媒体环境之下，微博这个属性显得弥足珍贵。

微博虽然火热，但是风格与 Twitter 完全不同。国人不爱隐私爱热闹，微博与其说是朋友圈，不如说是粉丝厂。正好又由于众所周知的原因，微博又变成网民集体娱乐广场和讨伐的战场，知识分子启蒙的公共课堂。

二、申请微博

以注册新浪微博为例说明注册步骤。

(1)登录新浪网首页 http://www.sina.com，访问新浪微博注册页面进行注册(图 4-2.1 和图 4-2.2)。

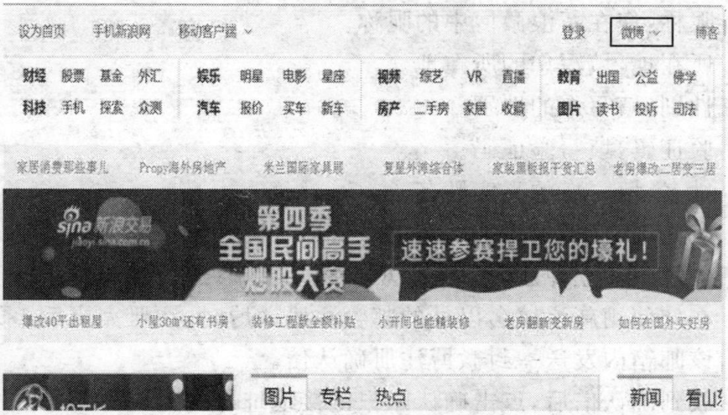

图 4-2.1 登录新浪微博

图 4-2.2　注册

(2)填写注册信息。

登录邮箱:填写您已经拥有的电子邮箱地址,以后使用该邮箱名称就可以登录微博。

创建密码:创建您在新浪微博的登录密码。

密码确认:再次输入登录密码。

昵称:您在新浪微博中的昵称。

所在地:填写您的所在地。

性别:填写您的性别。

验证码:填写验证码。

姓名:填写您的真实姓名。

身份证号码:填写您真实的身份证号码。

(3)点击"立即注册",到您填写的邮箱中,进行注册确认。

在您使用新浪域名以外的邮箱注册微博时,注册完成后,系统会给该邮箱内发送一封微博注册确认信。

收到确认信后,点击确认账户链接地址即可完成注册。

特别说明:确认信中的有效链接需要在 48 h 内完成确认，超过 48 h 该确认链接失效。

(4)注册成功。

三、微博营销

微博营销是指通过微博平台为商家、个人等创造价值而执行的一种营销方式,也是指商家或个人通过微博平台发现并满足用户的各类需求的商业行为方式。微博营销以微博作为营销平台,每一个听众(粉丝)都是潜在的营销对象,企业利用更新自己的微博向网友传播企业信息、产品信息,树立良好的企业形象和产品形象。每天更新内容就可以跟大家交流互动,或者发布大家感兴趣的话题,这样来达到营销的目的,这样的方式就是互联网新推出的微博营销。

该营销方式注重价值的传递、内容的互动、系统的布局、准确的定位,微博的火热发展也使得其营销效果尤为显著。微博营销涉及的范围包括认证、有效粉丝、朋友、话题、名博、开放平台、整体运营等。自 2012 年 12 月后,新浪微博推出企业服务商平台,为企业在微博上进行营销提供帮助。

(一)特点

1. 成本:发布门槛低,成本远小于广告,效果却不差

发布的 140 个字信息,远比博客容易,对于同样效果的广告则更加经济。与传统的大众媒体(报纸、流媒体、电视等)相比受众同样广泛,前期一次性投入,后期维护成本低廉。

2. 覆盖:传播效果好,速度快,覆盖广

微博信息支持各种平台,包括手机、电脑与其他传统媒体。同时传播的方式有多样性,转发非常方便。利用名人效应能够使事件的传播量呈几何级放大。

3. 效果:针对性强,利于后期维护及反馈

微博营销是投资少、见效快的一种新型的网络营销模式,其营

销方式和模式可以在短期内获得最大的收益。

4. 手段：多样化，人性化

技术上，微博营销可以同时使用文字、图片、视频等多种展现形式。人性化角度上，企业品牌的微博本身就可以将自己拟人化，更具亲和力。

5. 开放性

微博几乎是什么话题都可以进行探讨，而且没有什么约束的，微博就是要最大化地开放给客户。

6. 拉近距离

在微博上面，美国总统可以和平民点对点交谈，政府可以和民众一起探讨，明星可以和粉丝们互动，微博其实就是在拉近距离。

7. 传播速度快

微博最显著特征之一就是其传播迅速。一条微博在触发引爆点后，互动性转发就可以抵达微博世界的每一个角落，达到短时间内最多的目击人数。

8. 便捷性

微博只需要编写好 140 字以内的文案，经过微博小秘书审查，即可发布，从而节约了大量的时间和成本。

9. 高技术性，浏览页面佳

微博营销可以借助许多先进多媒体技术手段，对产品进行描述，从而使潜在消费者更形象直接地接收信息。

10. 操作简单

信息发布便捷。一条微博，最多 140 个字，只需要简单地构思，就可以完成一条信息的发布。这点就要比发布博客方便得多，毕竟构思一篇好博文，需要花费很多的时间与精力。

11. 互动性强

能与粉丝即时沟通，及时获得用户反馈。

(二)分类

1.个人微博营销

个人做好自己微博营销的方法和经验技巧。

很多个人的微博营销是由本身的知名度来得到别人的关注和了解的,以明星、成功商人或是社会中比较成功的人士为例,他们运用微博这样一个媒介来让自己的粉丝更进一步地了解和喜欢自己。微博在他们手中也就是平时抒发感情,功利性并不是很明显,他们的宣传工作一般是由粉丝们的跟踪转帖来达到营销效果的。

2.企业微博营销

企业做好微博营销的方法和经验技巧。

企业一般是以营利为目的的,他们运用微博往往是通过微博来增加自己的知名度,最后达到能够将自己的产品销售出去的目标。企业微博营销要难上许多,因为知名度有限,短短的微博不能给消费者一个直观的商品理解,而且微博更新速度快,信息量大,企业微博营销时,应当建立起自己固定的消费群体,与粉丝多交流、多互动、多做企业宣传工作。

(三)技巧

1.注重价值的传递

企业微博经营者首先要改变观念——微博有"索取"与"给予"之分,企业微博是一个给予平台。截至 2011 年,微博数量突破一个亿,在 2017 年内,微博的月度活跃用户达到 4 亿,只有那些对浏览者创造价值的微博才有价值,此时企业微博才可能达到期望的商业目的。企业只有认清了这个因果关系,才可能从企业微博中受益。

2.注重微博个性化

微博的特点是"关系""互动",因此,虽然是企业微博,但也切忌仅是一个官方发布消息的窗口那种冷冰冰的模式。要给人感觉像一个人,有感情、有思考、有回应、有自己的特点与个性。

一个浏览者觉得你的微博和其他微博差不多，或是别的微博可以替代你，这样的微博就是不成功的。这和品牌与商品的定位一样，必须塑造个性，这样的微博才具有很高的黏性，可以持续积累粉丝与专注，因为此时的你有了不可替代性与独特的魅力。

3. 注重发布的连续性

微博就像一本随时更新的电子杂志，要注重定时、定量、定向发布内容，让大家养成观看习惯。当大家登录微博后，能够想着看看你的微博有什么新动态，这无疑是成功的最高境界。这种境界虽很难达到，但我们需要尽可能出现在他们面前，先成为他们思想中的一个习惯。

4. 注重互动性加强

微博的魅力在于互动，拥有一群不说话的粉丝是很危险的，因为他们慢慢会变成不看你内容的粉丝，最后更可能是离开。因此，互动性是使微博持续发展的关键。第一个应该注意的问题就是，企业宣传信息不能超过微博信息的10%，最佳比例是3%～5%。更多的信息应该融入粉丝感兴趣的内容之中。

“活动内容＋奖品＋关注（转发/评论）”的活动形式一直是微博互动的主要方式，但实质上奖品比你那个企业所想宣传的内容更吸引粉丝的眼球，相较赠送奖品，你的微博能认真回复留言，用心感受粉丝的思想，才能换取情感的认同。如果情感与“利益”（奖品）共存，那就更完美了。

5. 注重系统性布局

我一直以为，任何一个营销活动，想要取得持续而巨大的成功，都不能脱离了系统性，单纯当作一个点子来运作，很难持续取得成功。微博营销虽然看起来很简单，对大多企业来说效果也很有限，从而被很多企业当作可有可无的网络营销小玩意儿。其实，微博这种全新形态的互动形式，它的潜力又有多少人能看清，发挥出的作用很小的原因是你本身投入的精力与重视程度不高。

企业想要微博发挥更大的效果就要将其纳入整体营销规划中来，这样微博才有机会发挥更多作用。

6. 注重准确的定位

微博粉丝众多当然是好事儿，但是，对于企业微博来说，“粉丝”质量更重要。因为企业微博最终的商业价值，或许就需要这些有价值的粉丝。这涉及微博定位的问题，很多企业抱怨：微博人数都过万了，可转载、留言的人很少，宣传效果不明显。这其中一个很重要的原因就是定位不准确。假设自己为玩具行业，那么就围绕一些产品的目标顾客要关注的相关信息来发布，吸引目标顾客，而不是只考虑吸引眼球，导致吸引来的都不是潜在消费群体。在这个起步阶段很多企业微博陷入这个误区，完全以吸引大量粉丝为目的，却忽视了粉丝是否是目标消费群体这个重要问题。

7. 企业微博专业化

企业微博定位专一很重要，但是专业更重要。同场竞技，只有专业才可能超越对手，持续吸引关注目光，专业是一个企业微博重要的竞争力指标。

微博不是企业的装饰品，如果不能做到专业，只是流于平庸，倒不如不去建设企业微博。因为，作为一个“零距离”接触的交流平台，负面的信息与不良的用户体验很容易迅速传播开，并为企业带来不利的影响。

8. 注重控制的有效性

微博不会飞，但是传播速度却快得惊人，当极高的传播速度结合传递规模，所创造出的惊人力量有可能是正面的，也可能是负面的。因此必须有效管控企业微博这把双刃剑。

9. 注重方法与技巧

很多人把微博定位成短信以及随笔、唠嗑，但是对于一个企业微博来说，就不能如此。企业不是明星大牌，也不是普通百姓，我们开设微博不是为了消遣娱乐，而是要创造企业的价值。

想把企业微博变得有声有色，持续发展，单纯在内容上传递价值还不够，必须讲求一些技巧和方法。比如，微博话题的设定，表达方法就很重要。如果你的博文是提问性的或是带有悬念的，要引导粉丝思考与参与，那么浏览和回复的人自然就多，也容易给人留下印象。反之带来新闻稿一样的博文，会让粉丝想参与都无从下手。

(四)原则

1. 真诚原则

真诚不仅是微博营销的基本原则，其实也是做任何事，做任何互动交流的基本原则。微博营销绝对是一个以年计算的长期行为。微博上的交朋友和现实中交朋友一样，好的声誉就是财富。积累良好的声誉需要时间，而没有真诚的互动就不可能有良好的声誉。

2. 乐观开朗原则

在现实中，我们可以发现，人们更愿意和乐观开朗的人交朋友。微博上的互动交往也不例外。除了“嫉妒”你的乐观开朗外，没有人会讨厌你的幽默感，没有人会讨厌你与他分享快乐。

3. 宽容原则

宽容意味着大气和绅士风度，而苛刻意味着小气和“独裁”，没有多少人会喜欢苛刻性格的人。当然，宽容不意味着没有价值观，不意味着凡事做“和事佬”“和稀泥”，相反的，你应该有鲜明的价值观，并且坚持这种价值观，不随波逐流，左右摇摆。一个好的例子是：谷歌在“不作恶”价值观上的坚持为其赢得了巨大的声誉。摇摆、随波逐流与真诚原则相抵触，势必对品牌形象带来严重的损害。

4. 个性魅力原则

在微博推广上做推广的企业和个人很多，微博营销因此也竞争激烈，千篇一律的营销手段将使得受众产生审美疲劳，只有那些具有个性魅力的微博账号(其实是账号后面的微博营销者)才能脱颖而出。如同现实生活中一样,个人“品牌”最有价值的核心部分是个性魅力。据美国总统选举研究,总统候选人的个人魅力是美国民众在决定选举投票时的关键因素之一。微博营销者这个角色至关重要,因为他(她)就是你的企业的网络形象大使,他(她)的个性魅力代表了企业的个性魅力。

5.利益原则

能满足粉丝内心需求的事物都是需要我们去创造的。比如戴尔经常通过微博发布一些打折信息和秒杀信息。

6.趣味原则

实际上,我们发现,无论是在国外的 Twitter 上,还是在国内的新浪微博、腾讯微博上,幽默的段子、恶搞的图片、滑稽的视频总是获得大众的青睐 ——男女老少皆宜。适度地与你的朋友分享这些好玩的东西有百利而无一害。一般情况下,包含有广告内容的营销消息,更需要以有趣的方法引起围观、号召大家参与。

7.互动原则

微博有奖转发活动一直都是微博互动的主要方式,但实质上,更多的人是在关注奖品,对企业的实际宣传内容并不关心。相较赠送奖品,微博经营者认真回复留言,用心感受粉丝的思想,更能唤起粉丝的情感认同。这就像是朋友之间的交流一样,时间久了会产生一种微妙的情感连接,而非利益连接,这种联系持久而坚固。当然,适时结合一些利益作为回馈,粉丝会更加忠诚。

8.创新原则

微博这一新生事物在全球范围内都是刚刚商业化应用不久,加之自身非常高的扩展性,使得微博营销的模式具有很大的探索空间。抓住机会,有效创新,就可以从中轻松获益。

9.保持热度的原则

为了让微博信息保持一定的热度,你可以有意设置一些问题让别人来答疑,甚至可以掀起一些辩论、争吵,让你的消息及其回复不断地引起波澜,产生震动。

10. 连续发布的原则

在确保微博质量的前提下,要定时、定量、定向地发布内容,让用户能不断地获得该产品品牌的最新资讯,不要让自己的微博被快速淹没。

(五)运作

1. 互动

“微博是社会化营销的第一工具、第一平台,它的目标是扩大和客户互动的范围。”许多参与微博营销的企业,多数停留在用有奖活动聚集粉丝的初级阶段,应该看到用这样的方法聚集起来的粉丝不能算精准受众。更好的方法是发布产品知识、搜索关键词、开展话题讨论,找到对一些特定关键词和话题有兴趣的受众,还有就是要花大力气积极与用户互动。一些企业微博营销的通病是只发布信息,不与跟随者交流,这样就会使热情起来的粉丝失去激情。2008 年美国总统大选中奥巴马用微博作为参选工具,一般人只了解他的竞选团队用微博发布行程的特点,但是这个竞选团队对所有访问者都是一一主动追踪回复的。总统竞选对回复访问者都会如此耐心和细心,更不要说我们企业了。

2. 目的

(1)有效实现品牌建立和传播。<官方微博>

(2)树立行业影响力和号召力,引导行业良性发展,传播企业价值观。<领导人>

(3)产品曝光和市场推广。<市场>

(4)发现目标客户,精准互动营销,完成客户转化和订单销售,全面分析营销效果。<客户>

(5)企业的口碑实时监测,确保危机公关。<公关>

(6)自媒体宣传,产品广告营销活动宣传。<营销推广>

(六)特征

微博营销是以传播学理论为基础,营销学经典理论与案例为指导,集成以往网络媒介营销手段的一种营销途径。但是微博营销依然表现出个性的特征:

(1)注册简单,操作便捷,运营成本较低,方便实现"自营销"。

微博具有媒体属性,是将信息广而告之的媒介,但是与其他媒体相比,微博注册免费、操作界面简洁、操作方法简易(所有操作基于信息发布、转发、评论),又有多媒体技术使信息呈现形式多样,而运营一个微博账号,不必花大价钱架构一个网站,不必有多专业的计算机网络技术,也不需要专门拍一个广告或向报纸、电视等媒体支付高额的时段广告费用等,充分利用微博的"自媒体"属性,做好"内容营销"即是微博营销的王道。

(2)微博营销的"品牌拟人化"特征更易受到用户的关注。

社交媒体时代,传播强调人性化与个性化,"官方话"和"新闻稿"除了在严肃事件中扮演信用角色,在这样一个社交与娱乐至上的场所就显得格格不入。企业用一个很人性化的方式去塑造自身的形象,不仅可以拉近和受众的距离,达到良好的营销效果,而且品牌的美誉度和忠诚度会大大提高。

品牌拟人化,是指通过饱含个性、风趣、人情的语言,使品牌账号富有"人"的态度、性格与情感,真正与消费者互动,从而获得消费者的认可,这种认可不是传统的单纯的买卖关系,也不是粉丝的追捧,而更像是建立并维系一种"友情"关系。这样品牌的忠诚度和美誉度就很强,用户就会支持这个企业的产品,而且还会主动地参与到这个品牌的塑造过程,也是实现口碑营销的绝佳途径。在 SICAS 的消费行为模式时代,品牌拟人化更能够在每一项消费环节中发挥作用。

(3)多账号组成的微博矩阵,在保持整体协作的企业文化同时,便于针对不同的产品受众进行精准营销。

微博矩阵是指在一个大的企业品牌之下,开设多个不同功能定位的微博,与各个层次的网友进行沟通,达到360度塑造企业品牌的目的。换句话说矩阵营销是内部资源在微博上的最优化排布以达到最大效果。

(4)微博造星,可以借助知名微博主的影响力进行营销。

微博的传播机制建立在六度分格、二级传播等人际传播理论的基础之上,换句话说,微博中的社交关系是现实社交关系链的扩张性虚拟迁徙。微博的影响力同时也代表了一种关系的信用值,按照新浪微博的计算方法,微博影响力由活跃度(原创微博、转发次数、评论次数、私信数)、传播力(原创被转发与被评论数)和覆盖度(即粉丝数)共同决定。借助拥有大量粉丝人气和较高影响力的微博主的平台,一则可以和更多的潜在用户接触,“发生关系”,达到广而告之的效果;二则扮演意见领袖的人往往也具有消费引导的功能。或是具有某些专业领域的特征,或是一些生活趣味的汇集,或是提供娱乐讯息,或是对社会热点有明晰的评论与态度,或是仅仅依靠语言个性魅力打动人……微博是无可争议的自媒体,借具有大量粉丝受众的微博账号做推广,也是一种打广告的方法。值得一提的是,这种方法和渠道多为营销公关公司利用,开展专业的微博营销有偿服务业务,且根据粉丝量的多少不同微博账户有收费等级。

四、平台

(一)定义

微博是一种通过关注机制分享简短实时信息的广播式的社交网络平台。其中有五方面的理解:

(1)关注机制:可单向或双向两种。

(2)简短内容:通常为140字。

(3)实时信息:最新实时信息。

(4)广播式:公开的信息,谁都可以浏览。

(5)社交网络平台:把微博归为社交网络。

(二)社交网络平台

1.抓住流行元素

流行就是热点,就是焦点。流行不一定是好的,但一定是最利于传播的。但是,微博上的流行是有时效性的,最好是在流行刚刚成势的时机进入,如果在尾巴的时候进入,那就比较悲催了。

2.包含适应广大网友认知水平的题材和元素

这是非常大的一个挑战,也是非常容易理解的道理。流行音乐谁都会唱,但是不持久,经典音乐虽然小众,但是能够永恒。在微博上,如果你的产品是大众消费品,那就不要搞什么小清新,不要搞什么白富美,最俗的才是最好的。

3.要给予有力的推广

微博4亿用户,每天的信息量实在太大,再好的内容也会被淹没,必须通过有效的推广渠道来发布。微博上最有力的渠道就是相关行业的KOL(Key Opinion Leader,关键意见领袖)啦!无论是给钱还是合作,必须搞定。

4.要有“包袱”

最后一个就是关于段子的特点了,那就是有“包袱”。这个“包袱”可以一眼就看出来,也可以稍微隐晦一下,通过KOL(Key Opinion Leader,关键意见领袖)的转发抖出来。

五、微博营销操作流程

(一)微博定制

(1)官方认证加V

(2)微博模板设计

(3)建立微群

(4)建立微刊

(5)建立微卖场

(6)建立微活动

(7)提供客服

(二)微博运营

(1)原创微博撰写

(2)热点微博转发

(3)重点微博维护

(4)重大节日及活动定制模板设计

(5)精准筛选并寻找重点客户关注

(6)实时抓取行业信息

(7)实时抓取、追踪、分析行业竞争对手走向

(三)微博推广

(1)草根达人转发

(2)意见领袖转发

(3)文化名人转发

(4)人气明星转发

(四)微博活动

(1)前期主题活动方案策划

(2)后期活动信息发布收集

(3)活动亮点转发、评论(产生新的微博内容)

(4)草根领袖微博转发

(5)明星红人微博转发

(6)活动信息关键词监控

(7)客户释疑、澄清、声明等(微博内容,回复@及私信)

(五)事件炒作

(1)前期主题活动方案策划

(2)后期活动信息发布收集

(3)活动亮点转发、评论(产生新的微博内容)

(4)草根领袖微博转发

(5)明星红人微博转发

(6)活动信息关键词监控

(7)客户释疑、澄清、声明等(微博内容,回复@及私信)

(六)报告评估

(1)标准版

(2)资讯版

(3)商业版

(七)信息监测

(1)舆情监控:微博管号及站内负面监控。

(2)信息分析:微博站内热词监控及分析。

(3)竞品分析:同行竞争对手的监控。

(4)效果分析:评测微博对品牌提升和销售增长的影响。

(5)优化方案:优化微博的内容策划、互动方式、社交关系。

(八)危机公关

(1)发现危机、及时处理。

(2)跟踪信息、迅速引导。

(3)化解误会、保留证据。

(九)广告投放

根据活动策划、事件营销及企业发展实际,制定高性价比的微博广告投放策略。

(十)微博整合

(1)新闻营销策划与发布类服务充分利用多家网络媒体公关资源。

(2)论坛、社区类营销服务。

①网络话题(事件)策划与口碑营销服务。热点网络话题是网

民们最关注的焦点，我们将通过我们的优势创意将企业的品牌、logo及产品信息有效并融洽地融合到网民的热议话题，形成一定规模的转载，从而实现品牌的植入式营销价值。

②论坛社区（BBS）、SNS、博客（微博）营销、互动问答、百科、论坛签名、精准邮件投放。

【看一看】

1. BBS　根据产品的消费群体，选择合适的即时通信圈，进行网络传播。

2. 博客　搭配企业产品图文信息，优化营销内容及相关产品话题，实现官方博客打造，精准符合中小企业营销。传播内容：产品介绍、企业活动、优化企业潜在客户转化搜索词。

3. 互动问答　以问答模式实现对企业品牌、网址、产品、服务的植入，对潜在购买者的问答做出解释。·传播内容：企业品牌、网址、产品、服务。

4. 百科　针对百科的权威性、搜索的高排名，有限地在百度内容中植入企业的产品介绍及相关图文信息。

5. 论坛签名　针对企业网站的外链优化，能够有效实现企业网站的权重提升。

6. 精准邮件投放　以QQ群为单位，精准到潜在客户群体，邮件展示率、打开率、有效率转化高。

7. 提供sns、微博营销服务　提供以转载分享互动为基础的好友式营销，品牌的口碑传播速度快，时效性暴发速度快。尤其是基于微博粉丝式的转播类营销，适合企业活动、口碑、新产品上市、娱乐营销。

（3）网络视频创意传播服务。针对目标群体在网络视频中的特征，制定网络视频传播策略和方案，提供视频传播范围选择和传播主题设计，安排传播节奏并执行传播维护，提交报告。

(4)搜索引擎营销(SEM)服务。全面而有效地利用搜索引擎来进行网络营销和推广。SEM 追求最高的性价比,以最小的投入,获最大的来自搜索引擎的访问量,并产生商业价值。这里的 SEM 不包括竞价排名、购买关键词广告等付费手段。

六、微博营销技巧

1. 传递价值

微博创造自身才有价值,作为宣传与吸引浏览者的手段,不可能每天提供赠品、优惠券等,可以提供给目标顾客感兴趣的相关资讯、常识等。微博对目标群体越有价值,掌控力越强。微博的经营真谛是一种价值的相互交换。

2. 微博个性化

关系、互动的微博特点,要给人感觉像一个人,有烦恼、有思考、有回应,甚至有感情的特点与个性,不可以取代。这和品牌与商品的定位一样,从功能层面就要做到差异化,在感性层面也塑造个性。这样的微博具有独特性与个性化,不可替代性与独特的魅力。

3. 准确定位

从企业微博的角度看,粉丝更重要,需要拥有有价值的粉丝,那么就围绕一些产品目标顾客关注的相关信息来发布,吸引目标顾客的关注,同时,可以吸引来消费者的眼球,完全以吸引大量粉丝为目标。

4. 强化互动性

最有魅力的微博进行互动的形式,第一个应该注意的问题就是企业宣传信息越来越快,互动性是发展的关键,将更多的信息融入粉丝感兴趣的内容之中,产生共鸣。

【读一读】

话说微博营销

随着近几年微博的发展,使用人数也不断地增长,微博营销已成为一种常见的必备的推广方法。然而,微博营销并不像论坛推广那样简单,随便发个帖子就是一条外链,发了帖子就会有人去看,仅仅是多少而已,即使没人去看,对你也不会有什么危害。微博则不然,不合时宜的广告帖,不但起不到宣传作用,搞不好还会殃及微博的命运,让你的微博人气尽失,成为一个无人问津的死博,那么到底该如何才能发挥微博营销的推广作用呢?

首先,微博需要人们的精心呵护,要像自己的孩子一样去呵护她,所谓精心呵护也就是人们平常说的养博,具体怎么养呢?人们应根据自己网站的类别,确定微博的目标人群,多加一些和网站同类的微群,从中寻找活跃的群友加为好友,这在SEO的专业术语里叫作追星。

其次,养好的微博也不是一劳永逸的。微博初期不能发广告的道理站长们都知道,可是一旦微博养到了一定的时候,有了一定的影响力,早就等不及的站长们便再也按捺不住了,于是便开始大肆地宣传、发广告,殊不知这又犯了大忌,不但起不到宣传作用,还很有可能让你以前为养博付出的精力付诸东流。

1. 法则

原理:据了解,PRAC法则涵盖微博运营体系中的四个核心板块,分别是Platform(平台管理)、Relationship(关系管理)、Action(行为管理)、Crisis(风险管理)。

作用:在平台管理层面,PRAC法则倡导"2+N微博矩阵模式",即以品牌微博、客户微博为主平台,补充添加运营领导员工微博、粉丝团微博、产品微博及活动微博；针对企业做微博时一直困惑的用户关系处理问题，PRAC 则梳理出粉丝关注者、媒体圈、意见领袖为主的“3G 关系管理”群体；而对于行为管理，PRAC 系统介绍了引起注意、品牌推介等七类典型营销。

2. 行为

市场：“微博是地球的脉搏”，美国《时代》周刊如此评价微博强大的信息传播功能。而在企业层面，微博公关与营销作为网络营销的新配工具之一，愈加受到重视——据最新统计，国内的微博企业用户已达到 6 000 家，而来自 DCCI 互联网数据中心预测，中国互联网微博累计活跃注册账户数在 2011、2012、2013 年底分别突破 1.5 亿、2.8 亿、4.6 亿。

微博一直坚持社交开放平台服务，这让第三方公司有更多的机会，积极研发应用来帮助企业进行商业整合营销，使社会化能量正循环。

【想一想】

什么是微博营销，它有哪些特点？

【议一议】

1. 微博怎么注册？农产品怎么利用微博营销？

2. 微博营销有哪些技巧？如何加强内容建设？如何推广产品？

第三节　微信

微信（WeChat）是腾讯公司于 2011 年 1 月 21 日推出的一个为智能终端提供即时通信服务的免费应用程序，由张小龙所带领的腾讯广州研发中心产品团队打造。微信支持跨通信运营商、跨操作系统平台，通过网络快速发送免费(需消耗少量网络流量)语音短信、视频、图片和文字，同时，也可以使用通过共享流媒体内容的资料和基于位置的社交插件“摇一摇”“漂流瓶”“朋友圈”“公众平台”“语音记事本”等服务插件。

一、微信功能服务

(一)微信的基本情况

微信提供公众平台、朋友圈、消息推送等功能，用户可以通过“摇一摇”“搜索号码”“附近的人”、扫二维码方式添加好友和关注公众平台，同时微信将内容分享给好友以及将用户看到的精彩内容分享到微信朋友圈。

截止到 2016 年第二季度，微信已经覆盖中国 94% 以上的智能手机，月活跃用户达到 8.06 亿，用户覆盖 200 多个国家、超过 20 种语言。此外，各品牌的微信公众账号总数已经超过 800 万个，移动应用对接数量超过 85 000 个，广告收入增至 36.79 亿元人民币，微信支付用户则达到了 4 亿左右。

(二)基本功能

1. 聊天

支持发送语音短信、视频、图片(包括表情)和文字，是一种聊天软件，支持多人群聊。

2. 添加好友

微信支持查找微信号(具体步骤：点击微信界面下方的朋友们—>添加朋友—>搜号码，然后输入想搜索的微信号码，点击查找即可)、查看 QQ 好友添加好友、查看手机通讯录和分享微信号添加好友、摇一摇添加好友、二维码查找添加好友和漂流瓶接受好友等 7 种方式。

3. 实时对讲机功能

用户可以通过语音聊天室和一群人语音对讲，但与在群里发语音不同的是，这个聊天室的消息几乎是实时的，并且不会留下任何记录，在手机屏幕关闭的情况下也仍可进行实时聊天。

4. 微信小程序

2017 年 4 月 17 日，小程序开放“长按识别二维码进入小程序”的功能。经过腾讯科技测试，该功能在 iOS 以及 Android 均可使用，如果你无法正常打开，请将微信更新至最新版本。

在 2017 年 3 月底，小程序还新增了“第三方平台”和“附近的小程序”两项新功能。

2017 年 9 月 14 日晚间，微信悄然进行了版本更新，在最新的安卓与 iOS 微信上，用户打开微信后会看到一条必读消息《微信隐私保护指引》，需点击同意后才能使用该应用。

2017 年 11 月 2 日，微信悄然上线保险销售业务。

(三)微信支付

1. 微信支付介绍

微信支付是集成在微信客户端的支付功能，用户可以通过手机完成快速的支付流程。微信支付向用户提供安全、快捷、高效的支付服务，以绑定银行卡的快捷支付为基础。

支持支付场景：微信公众平台支付、APP(第三方应用商城)支付、二维码扫描支付、刷卡支付，用户展示条码，商户扫描后，完成支付。

用户只需在微信中关联一张银行卡，并完成身份认证，即可将装有微信 app 的智能手机变成一个全能钱包，之后即可购买合作商户的商品及服务，用户在支付时只需在自己的智能手机上输入密码，无须任何刷卡步骤即可完成支付，整个过程简便流畅。

微信支付支持以下银行发行的贷记卡：深圳发展银行、宁波银行。此外,微信支付还支持以下银行的借记卡及信用卡:招商银行、建设银行、光大银行、中信银行、农业银行、广发银行、平安银行、兴业银行、民生银行。

2014 年 9 月 13 日,为了给更多的用户提供微信支付电商平台,微信服务号申请微信支付功能不再收取 2 万元保证金,开店门槛随之降低。

2. 微信支付规则

(1)绑定银行卡时,需要验证持卡人本人的实名信息(姓名,身份证号)。

(2)一个微信号只能绑定一个实名信息,绑定后实名信息不能更改,解卡不删除实名绑定关系。

(3)同一身份证件号码只能注册最多 10 个(包含 10 个)微信支付。

(4)一张银行卡(含信用卡)最多可绑定 3 个微信号。

(5)一个微信号最多可绑定 10 张银行卡(含信用卡)。

(6)一个微信账号中的支付密码只能设置一个。

(7)银行卡无须开通网银(中国银行、工商银行除外),只要在银行中有预留手机号码,即可绑定微信支付。

注:一旦绑定成功,该微信号无法绑定其他姓名的银行卡/信用卡,请谨慎操作。

(四)微信提现

2016 年 2 月 15 日,腾讯客服发布公告称,自当年 3 月 1 日起,微信支付对转账功能停止收取手续费。同日起,对提现功能开始收取手续费。微信方面向新浪科技表示,对提现交易收费并不是微信支付追求营收之举,而是用于支付银行手续费。

具体收费方案为,每位用户(以身份证维度)终身享受 1 000 元免费提现额度,超出部分按银行费率收取手续费,目前费率均为

0.1%，每笔最少收 0.1 元。微信红包、面对面收付款、AA 收款等功能不受影响，免收手续费。

（五）微信语音

用户在接听微信语音电话时，无须解锁进入微信接听，而是直接像接听普通电话那样一键接听就好。原因是，微信将语音功能接入了 iOS 10 的系统层级。

二、下载微信客户端

方法一　登录微信官网下载

（1）在浏览器地址栏输入网址：http://www.qq.com（图 4-3.1）。

图 4-3.1

（2）在首页右侧单击“微信”链接（图 4-3.2）。

图 4-3.2

(3)单击“免费下载”(图 4-3.3)。

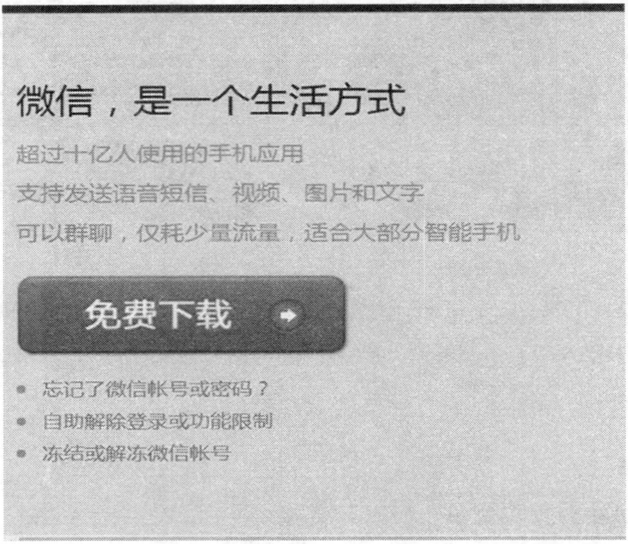

图 4-3.3

(4)选择合适的版本，根据提示完成下载。

(5)再根据提示安装完成。

根据使用微信的环境不同选择不同的版本。

官方提供网页版、安卓版、MAC 苹果版、电脑版。

方法二　登录百度 www. baidu. com 后搜索下载

(1)在浏览器地址栏输入百度网址：www. baidu. com(图 4-3. 4)。

图 4-3. 4　登录百度

(2)在百度首页搜索框内输入关键词“微信”(图 4-3. 5)。

图 4-3. 5　下载

(3)选择合适的版本,再单击"立即下载"。本教材选的是电脑版(图 4-3.5)。

(4)根据提示下载完成。

(5)再根据提示安装完成。

三、注册微信号

以安卓版为例。

(1)在智能手机上启动微信客户端软件,直接进入微信,点击下方的"注册"(图 4-3.6)。

图 4-3.6 注册

(2)它要我们输入电话号,这个手机号是可以解除绑定的(图4-3.7)。

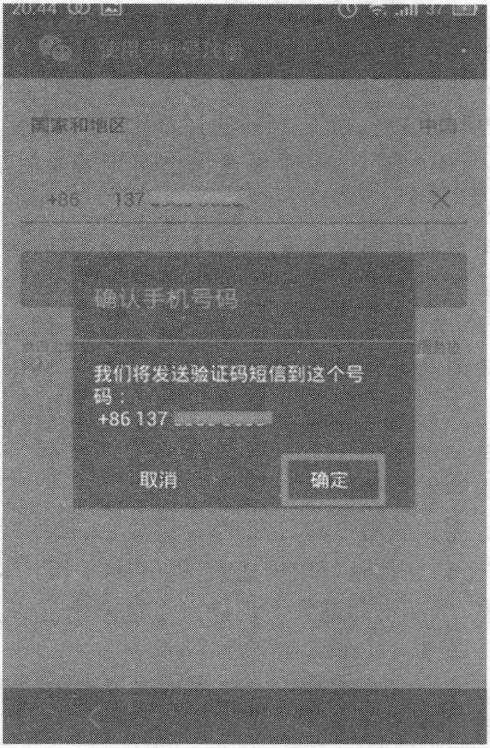

图 4-3.7　输入手机号

(3)之后会发验证码给你,输入后就能到这个界面,我的手机是自动输入并跳转到这里的。在这里我们输入账户名称再点击“注册”。

(4)之后就会申请成功,如果为了方便记忆,可以将自己的手机号作为微信号。之后在微信登录界面下输入申请成功的微信账号和密码，再单击登录就可以使用微信的所有功能了。

四、微信营销

微信营销是网络经济时代企业或个人营销模式的一种。是伴随着微信的火热而兴起的一种网络营销方式。微信不存在距离的限制，用户注册微信后，可与周围同样注册的“朋友”形成一种联系，订阅自己所需的信息，商家通过提供用户需要的信息，推广自己的产品，从而实现点对点的营销。

微信营销主要体现在以安卓系统、苹果系统的手机或者平板电脑中的移动客户端进行的区域定位营销，商家通过微信公众平台，结合转介率微信会员管理系统展示商家微官网、微会员、微推送、微支付、微活动，已经形成了一种主流的线上线下微信互动营销方式。

（一）特点

1. 点对点精准营销

微信拥有庞大的用户群，借助移动终端、天然的社交和位置定位等优势，每个信息都是可以推送的，能够让每个个体都有机会接收到这个信息，继而帮助商家实现点对点精准化营销。

2. 形式灵活多样的漂流瓶

用户可以发布语音或者文字然后投入大海中，如果有其他用户“捞”到则可以展开对话。

（1）位置签名　商家可以利用“用户签名档”这个免费的广告位为自己做宣传，附近的微信用户就能看到商家的信息。

（2）二维码　用户可以通过扫描识别二维码身份来添加朋友、关注企业账号；企业则可以设定自己品牌的二维码，用折扣和优惠来吸引用户关注，开拓 O2O 的营销模式。

（3）开放平台　通过微信开放平台，应用开发者可以接入第三方应用，还可以将应用的 LOGO 放入微信附件栏，使用户可以方便地在会话中调用第三方应用进行内容选择与分享。

(4)公众平台　在微信公众平台上,每个人都可以用一个 QQ 号码,打造自己的微信公众账号,并在微信平台上实现和特定群体的文字、图片、语音的全方位沟通和互动。

3. 强关系的机遇

微信的点对点产品形态注定了其能够通过互动的形式将普通关系发展成强关系,从而产生更大的价值。通过互动的形式与用户建立联系,互动就是聊天,可以解答疑惑、可以讲故事甚至可以“卖萌”,用一切形式让企业与消费者形成朋友的关系,你不会相信陌生人,但是会信任你的“朋友”。

(二)作用

1. 为何微信粉丝难以获取?

微信属于一对一互动,从社会学角度看,一对一的关系中,是私密的,去中心化的。如今看来,微信公众号的出现,好像已经在破坏这种平衡。但是还好,用户并没有把微信当成微博玩。既然是去中心化的,在微信上找不到入口,是自然而然的,以后微信会不会做公众号导航,假如千年不开,难道品牌号就这么坐以待毙?

其实解决办法有很多,不然微信上就不会出现上千万粉丝的大号群了,那通行的办法有哪些?

正所谓春江水暖鸭先知,高手在民间。要找微信粉丝,必须向草根大号学习。据有关人士透露,在公众平台上聚集了 1 万草根大号,粉丝数 2 万以上的非常多,他们是怎么玩赚粉丝数的呢? 主要分为非微信平台推广账号渠道及微信平台推广账号渠道。

2. 非微信平台推广账号渠道

(1)微博平台转化通道　最早的微信草根大号,均由微博草根大号们发起,他们在微博上不断推自己的微信,收获了第一批微信粉丝。

优点:已有微博基础粉丝量大,可以快速推广账号。

缺点：转化率很低，乐观估计转化成一个微信粉丝价格在50元上下，若不是自有微博，建议不要轻易采用。

(2)网站论坛转化通道　这些转化通道主要的采用者为网站媒体，所谓靠山吃山，靠水吃水，靠网站，当然要吃网站了。

优点：已有网站用户群可以转化为微信粉丝。

缺点：转化率依然较低，若非自有媒体，建议不要采用。

(3)二维码线下转化通道(扫描账号二维码)　这是品牌商最乐于使用的方式。

优点：已有客户转化率很高。

缺点：粉丝增长缓慢，消耗老用户资源，新用户增长为零。

3. 微信平台推广通道

近水楼台先得月，做什么平台，在什么上推广，这样效果才好，虽说可以去金融街卖高尔夫球具，但是总也没在球场直接销售来的效果，微信平台上可以推广的渠道主要有以下几类：

(1)草根大号直推　上面提到有些草根大号已有千万级别微信粉丝，如果把微博草根大号看成大学生，微信大号还处于幼儿园阶段。推广品牌账号方式主要是带上品牌号微信号码直接发送消息推送，当然推的方式软广程度与草根大号的掉粉率成反比。

优点：到达率100%，打开率一般在50%上下，粉丝转化率大概为0.5%(若推送的草根大号有1 000个粉丝，广告推送后，能为品牌带来5个粉丝)。

缺点：还是成本较贵，获取一个高质量真粉的价格在1元到10元之间，但相比非微信渠道推广来看，已经便宜很多了。

(2)草根大号内容承载页互推　这种方式可以说是效果最好、成本最低的方式了。

优点：成本最低，效果最好，用户最不反感。

缺点：什么时候开封，听天由命。

(3)微信导航站　每次见朋友都会被问到一个问题：你不是做

微信营销吗,你微信里面有500多个公众号,我们怎么都找不到啊。这是一个商机,并且已经有很多人在做了。某些微信导航账号,已经拥有20多万粉丝了。品牌号在微信上推广,这个渠道必不可少。

优点:软性推送,占住入口。

缺点:无。

微信营销方式还处在初级阶段,随着微信推出更多的功能,更多的营销方式会出现,风起于青蘋之末,让我们拭目以待吧。

4. 互动式推送微信

营销方式:通过一对一的推送,品牌可以与"粉丝"开展个性化的互动活动,提供更加直接的互动体验。

5. 微信公众账号行为规范

以下行为严重违规并影响用户体验,还可能给其他运营者、用户及平台带来损害,一经发现将根据违规程度对该公众账号采取相应的处理措施。

(1) 使用外挂行为　未经腾讯书面许可使用插件、外挂或其他第三方工具、服务接入本服务和相关系统。例如,利用任何第三方工具或其他方式规避群发限制策略,包括但不限于用公众平台的单发功能来实现群发功能,意图规避公众平台对于群发次数的限制等。

(2)刷粉行为

①未经腾讯书面许可利用其他微信公众账号、微信账号和任何功能或第三方运营平台进行推广或互相推广的,包括但不限于:僵尸粉刷粉、公众账号互相推广、普通微信账号通过微信普通消息、附近的人打招呼、漂流瓶、摇一摇等任何形式推广公众账号,以及利用第三方平台进行互推等。

②推广形式,包括但不限于:通过链接、头像、二维码、纯文字等各种形式完成的推广行为。

③制作、发布与以上行为相关的方法、工具，或对此类方法、工具进行运营或传播，无论这些行为是否出于商业目的，使用者账号都将被处理。

(3)诱导分享行为　以奖励或其他方式，强制或诱导用户将消息分享至朋友圈的行为。奖励的方式包括但不限于：实物奖品、虚拟奖品（积分、信息）等。分为强制型诱导分享和奖励型诱导分享。

(4) 恶意篡改功能行为　有目的性地对公众平台的功能或文字进行篡改，违反公众平台功能的原本用途或意义。

例如，在原本显示作者名称（即微信公众账号名称）的位置篡改文字显示。

(三)模式分析

1.草根广告式——查看附近的人

产品描述：微信中基于LBS的功能插件“查看附近的人”便可以使更多陌生人看到这种强制性广告。

功能模式：用户点击“查看附近的人”后，可以根据自己的地理位置查找到周围的微信用户。在这些附近的微信用户中，除了显示用户姓名等基本信息外，还会显示用户签名档的内容。所以用户可以利用这个免费的广告位为自己的产品打广告。

营销方式：营销人员在人流最旺盛的地方后台24小时运行微信，如果“查看附近的人”使用者足够多，这个广告效果也会随着微信用户的数量而上升，这个简单的签名栏也许会变成移动的“黄金广告位”。

2.品牌活动式——漂流瓶

产品描述：移植到微信上后，漂流瓶的功能基本保留了原始简单易上手的风格。

功能模式：漂流瓶有两个简单功能：①“扔一个”，用户可以选择发布语音或者文字然后投入大海中；②“捡一个”，“捞”大海中无数个用户投放的漂流瓶,“捞”到后也可以和对方展开对话,但每个用户每天只有 20 次机会。

营销方式:微信官方可以对漂流瓶的参数进行更改,使得合作商家推广的活动在某一时间段内抛出的“漂流瓶”数量大增,普通用户“捞”到的频率也会增加。加上“漂流瓶”模式本身可以发送不同的文字内容甚至语音小游戏等,如果营销得当,也能产生不错的营销效果。而这种语音的模式,也让用户觉得更加真实。但是如果只是纯粹的广告语,是会引起用户反感的。

3. O2O 折扣式——扫一扫

产品描述:二维码发展至今其商业用途越来越多,所以微信也就顺应潮流结合 O2O 展开商业活动。

功能模式:将二维码图案置于取景框内,然后你将可以获得成员折扣、商家优惠抑或是一些新闻资讯。

营销方式:移动应用中加入二维码扫描这种 O2O 方式早已普及开来,坐拥上亿用户且活跃度足够高的微信,价值不言而喻。

4. 互动营销式——微信公众平台

产品描述:对于大众化媒体、明星以及企业而言,如果微信开放平台+朋友圈的社交分享功能的开放,已经使得微信作为一种移动互联网上不可忽视的营销渠道,那么微信公众平台的上线,则使这种营销渠道更加细化和直接。

5. 微信开店

这里的微信开店(微信商城)并非微信“精选商品”频道升级后的腾讯自营平台,而是由商户申请获得微信支付权限并开设微信店铺的平台,截至 2013 年底公众号要申请微信支付权限需要具备两个条件:第一必须是服务号;第二还需要申请微信认证,以获得微信高级接口权限。商户申请了微信支付后,才能进一步利用微信的开放资源搭建微信店铺。

【看一看】

1. 大小号助推加粉

很多商家在尝试做微信营销的时候都是采用小号，修改签名为广告语，然后再寻找附近的人进行推广的方式。作为一种新兴的营销方式，商家完全可以借用微信打造自己的品牌和CRM。因此个人建议采用注册公众账号，在粉丝达到500之后申请认证的方式进行营销更有利于商家品牌的建设，也方便商家推送信息和解答消费者的疑问，更重要的是可以借此免费搭建一个订餐平台。小号则可以通过主动寻找附近的消费者来推送大号的引粉信息，以此将粉丝导入到大号中统一管理。

2. 打造品牌公众账号

注册公众账号时首先得有一个QQ号码，然后登录公众平台网站注册即可。申请了公众账号之后在设置页面对公众账号的头像进行更换，建议更换为店铺的招牌或者LOGO，大小以不变形可正常辨认为准。此外，微信用户信息填写店铺的相关介绍。回复设置的添加分为被添加自动回复、用户消息回复、自定义回复三种，商家可以根据自身的需要进行添加。同时建议商家需要对每天群发的信息做一个安排表，准备好文字素材和图片素材。一般推送的信息可以是最新的菜式推荐、饮食文化、优惠打折方面的内容。粉丝的分类管理可以针对新老顾客推送不同的信息，同时也方便回复新老顾客的提问。一旦这种人性化的贴心服务受到顾客的欢迎，触发顾客使用微信分享自己的就餐体验进而形成口碑效应，则将对提升商家品牌的知名度和美誉度产生极佳效果。

3. 实体店面同步营销

店面也是充分发挥微信营销优势的重要场地。在菜单的设计中添加二维码并采用会员制或者优惠的方式，鼓励到店消费的顾客使用手机扫描。一来可以为公众账号增加精准的粉丝，二来也积累了一大批实际消费群体，对后期微信营销的顺利开展至关重要。店面能够使用到的宣传推广材料都可以附上二维码，当然也可以独立制作X架、海报、DM传单等材料进行宣传。

4. 签到打折活动举例

微信营销比较常用的就是以活动的方式吸引目标消费者参与，从而达到预期的推广目的。如何根据自身情况策划一场成功的活动，前提在于商家愿不愿意为此投入一定的经费。当然，餐饮类商家借助线下店面的平台优势开展活动，所需的广告耗材成本和人力成本相对来说并没有达到不可接受的地步，相反有了缜密的计划和预算之后完全可以以小成本打造一场效果显著的活动。以签到打折活动为例，商家只需制作附有二维码和微信号的宣传海报和展架，配置专门的营销人员现场指导到店消费者使用手机扫描二维码。消费者扫描二维码并关注商家公众账号即可收到一条确认信息，在此之前商家需要提前设置好被添加自动回复。凭借信息在买单的时候享受优惠。为以防顾客消费之后就取消关注的情况出现，商家还可以在第一条确认信息中说明后续的优惠活动，使得顾客能够持续关注并且经常光顾。

(四)销售平台

1. 背景

微信营销离不开微信公众的平台支持。微信作为时下最热门的社交信息平台，也是移动端的一大入口，正在演变成为一大商业交易平台，其对营销行业带来的颠覆性变化开始显现。消费者只要通过微信公众平台对接微信会员云营销系统，就可以实现微会员、微推送、微官网、微储值、会员推荐提成、商品查询、选购、体验、互动、订购与支付的线上线下一体化服务模式。

2. 功能

(1)商品管理　商城后台具备商品上传、分类管理、订单处理等网上店铺都具有的设置功能。

(2)自动智能答复　卖家可以在系统自定义设置回复内容,当用户首次关注您的商城时,可将此消息自动发送给客户,还可设置关键词回复,当用户回复指定关键词的时候,系统将自动回复相应设置好的内容,让客户第一时间收到想要的消息。

(3)支付功能　支持支付宝,还支持财付通及货到汇款的传统支付方式。

(4)促销功能　积分赠送、会员优惠等。

3.成功因素

(1)赠送其有价值有特色的服务或产品。在所有的广告当中,最强大的词就是免费,当年的360,hotmail都是这么起来的。

(2)如何让传播更加方便快捷。在当今社会化媒体的时代,百度分享,加网的分享,通通要用上。必须要精简你的营销信息,让他便于传播,一定要是文本格式的,才能像火一样迅速燃烧起来。

(3)利用他人的善意的动机。你一定要搞清楚别人为什么要复制你的信息,传播你的信息能带动他人的什么欲望?一定要把你的营销策略搞清楚,并建立在共同的动机上面,那么你就成功了!

(4)利用现有的人脉和圈子。据研究资料表明,每个人都有50个高质量的人脉可以利用,只要你喜欢社交,你的50个当中又能生出很多个。所以说世界是很小的。要学会把你的信息传播给你的亲朋好友,就能加快信息传播的速度。

(5)提前准备相当的服务器,因为病毒营销式的背后会给你带来很多的流量,可能将挤垮你的服务器,那时候流量就白白丢失了。

(6)病毒式营销要学会借力使力,利用别人的资源达到自己的目的。写一些新闻投稿到大型的网站上,一则新闻就能引起数百家媒体和网站的转载,并造就成千上万的读者。

（五）公众平台

1. 简介

微信公众平台是腾讯公司在微信的基础上新增的功能模块，通过这一平台，个人和企业都可以打造一个微信的公众号，并实现和特定群体的文字、图片、语音的全方位沟通、互动。

不同于微博的微信，作为纯粹的沟通工具，商家、媒体和明星与用户之间的对话是私密性的，不需要公之于众的，所以亲密度更高，完全可以做一些真正满足需求和个性化的内容推送。

随着腾讯推出微信公众平台，那么微信的营销又将怎样变化呢？

在具体说明之前，我们应该看看微信营销到底有怎样的逻辑基础。

不建议企业将微信作为销售平台，不缺渠道，开个网店再容易不过了。企业缺的是品牌，缺的是信任，如果用户不接受你的品牌，不信任你，你的销售只会让用户反感。

企业应该将微信作为品牌的根据地，要吸引更多人成为关注你的普通粉丝，再通过内容和沟通将普通粉丝转化为忠实粉丝，当粉丝认可品牌，建立信任，他自然会成为你的顾客。

营销上有一个著名的"鱼塘理论"，微信公众平台就相当于这个鱼塘。

2. 活体广告板

微信中基于 LBS 的功能插件"查看附近的人"可以使更多陌生人看到这种强制性广告。

那么，我们可以假设，如果营销人员在人流最旺盛的地方后台24 小时运行微信，随着微信用户数量的上升，可能这个简单的签名栏会变成不错的移动广告位，让腾讯帮你打广告，貌似是一个不错的选择。

3.细化营销渠道

通过一对一的关注和推送，公众平台方可以向“粉丝”推送包括新闻资讯、产品消息、最新活动等信息，甚至能够完成包括咨询、客服等功能。

可以肯定的是微信，在信息的用户推送与粉丝的“CRM管理”方面要优于微博。尤其是微信立足于移动互联网，更使得微信成为尤为重要的营销渠道。微信公众平台的CRM特点明显，管理上可以借鉴传统的CRM管理，每天实时收集反馈和回复，整理登记。

虽然有人称微信为营销利器，但是精细化、个性化、一对一的营销无疑在增加成功率的同时也会增加成本，至于何去何从，那就要看企业的选择了。

4.延伸的行业应用：公众账号的接口应用

随着微信的不断发展，未来延伸的地方还有很多。比如医院的微信营销。有条件的医院可以开发一个微信的接口应用，比如自助挂号、查阅电子病例等功能，把公众账号打造成工具。先让部分用户体验，养成使用习惯，最终推广开来，达到取代病患使用电话和到场办理业务的目的。

(六)人工客服

1.介绍

当越来越多的企业开始微信营销的同时，企业会在微信账号后台设置好一些快捷回复，而人工微信客服则是实现了真正的人与人在线实时沟通、传送活动、优惠信息等。就微信自身的特点而言，微信是一个维系老客户的重要渠道，因此微信的咨询受理成为重点。

2.需求

微信作为一个点对点沟通的平台，是很好的客户关系维护渠道，但是很多商家只是把微信简单地当作信息推送群发工具，而消费者其实并不希望收到传单。

人工微信客服的核心优势，就在于实现了人与人的实时沟通，此时客户所面对的是专业、服务质量优秀的客服人员，对于客户的咨询可以给出满意的回复。

(七)注意事项

1. 独特的语音优势

在大街上、餐厅、公园等公众地方看见有人把手机当成对讲机用的时候，你却不知道那是微信，那么你绝对 out 了。微信不仅支持文字、图片、表情符号的传达，还支持语音发送。如果你疲惫于打字发信息，那么就可以直接通过微信发个语音信息。每一个人都可以用一个 QQ 号码打造本人的一个微信的大众号，并在微信平台上完成和特定群体的文字、图片、语音的全方位交流、互动。

但同时，如果把微信当成一种营销方式的话，直接的语音信息的传达既是优势也有可能成为一大失误的地方。因为语音的发送既要求传达者声音的甜美，也要求有特定知识的积累。

2. 定位功能

微信也联系了 LBS 功能，在微信的“查看附近的人”的插件中，用户可以查找与本人地理方位邻近的微信用户。体系除了显现邻近用户的名字等基本信息外，还会显现用户签名档的内容。商家也可以运用这个免费的广告位为本人做宣扬，乃至打广告。当你在某餐厅用餐的时候，突然传来朋友的微信，说附近某某商场在促销，或者附近有什么好活动正在进行，是不是感觉很好呢？

但微信便利的定位系统也暴露了你的具体位置，很有可能使一些不法分子有机可乘。

3. 高端用户

根据 2011 年微信团队宣布的官方数据，在 5 000 万的用户中有活跃用户 2 000 万，而 25～30 岁用户估计超 50%；主要分布在一线大城市，多为年轻人、白领阶层、高端商务人士、时尚的

iphone一族。这一强大的优势使很多企业的营销有了更好的方向,特别是针对白领的产品。

4.稳定的人际关系

"有这样一种说法。微信1万个听众相当于新浪微博的100万粉丝。这种说法有点夸大,但仍然有一定代表性。在新浪微博中,僵尸粉丝和无关粉丝很多,而微信的用户却一定是真实的、私密的、有价值的。"《创业家》新媒体业务负责人表示。微信关注的是人,人与人之间的交流才是这个平台的价值所在。微信基于朋友圈的营销,能够使营销转化率更高。

但微信基于隐私的保护,会使你看不见朋友的朋友与他的谈话,而"查看附近的人"这个功能会使自己的相册暴露在任何一个陌生人面前,因为没有取消可见这个功能。熟人社区和陌生人交友,这两个极端的关系链混合在一起,让朋友圈这个产品的定位变成一个艰难的决定。

5.移动客户端

用微信的用户主要集中在安卓系统和苹果系统,都属于智能系统,为此,以转介率科技为首的软件研发机构推出基于移动客户端安卓系统和苹果系统安装的微信营销软件,可以实现全国任意位置附近人自动打招呼、添加好友、添加通讯录、通讯录群发广告信息、摇一摇等智能营销功能,大大提升了企业移动营销的能力。微信从诞生的第一天起,就只有移动互联这一个方向,腾讯的技术平台能力以及腾讯在电商、团购等领域的经验也有助于其快速整合。

6.方便的信息推送

微信大众账号可以经过后台的用户分组和地域操控,完成精准的音讯推送。一般大众账号,可以群发文字、图片、语音三个类别的内容。认证的账号则有更高的权限,不仅能推送单条图文信息,还能推送专题信息。值得注意的是,微信的信息推送服务难免会步微博的后尘,使用户反感繁多的垃圾信息。

(八)策略

1."意见领袖型"营销策略

企业家、企业的高层管理人员大都是意见领袖,他们的观点具有相当强的辐射力和渗透力,对大众言辞有着重大的影响作用,潜移默化地改变人们的消费观念,影响人们的消费行为。微信营销可以有效地综合运用意见领袖的影响力和微信自身强大的影响力刺激需求,激发购买欲望。

2."病毒式"营销策略

微信即时性和互动性强、可见度、影响力以及无边界传播等特质特别适合病毒式营销策略的应用。微信平台的群发功能可以有效地将企业拍的视频、制作的图片或是宣传的文字群发到微信好友。企业更是可以利用二维码的形式发送优惠信息,这是一个既经济又实惠,更有效的促销好模式。使顾客主动为企业做宣传,激发口碑效应,将产品和服务信息传播到互联网还有生活中的每个角落。

3."视频、图片"营销策略

运用"视频、图片"营销策略开展微信营销,首先,要在与微友的互动和对话中寻找利益市场,发现利益市场。通过特定利益市场为潜在客户提供个性化、差异化服务。其次,善于借助各种技术,将企业产品、服务的信息传送到潜在客户的大脑中,为企业赢得竞争的优势,打造出优质的品牌服务。让我们的微信营销更加"可口化、可乐化、软性化",更加吸引消费者的眼球。

(九)品牌活动式

微信的用户逐月增加,因此不少大品牌也在尝试利用微信推广。方法有:

1.漂流瓶

漂流瓶便是商家看重的一个微信活动应用。漂流瓶实际上是移植自 QQ 邮箱的一款应用,该应用在电脑上广受好评,许多用户喜欢这种和陌生人的简单互动方式。移植到微信上后，漂流瓶的功能基本保留了原始简单易上手的风格。

2. O2O 折扣式

"扫描 QR Code"这个功能原本是"参考"另一款国外社交工具"LINE"，用来扫描识别另一位用户的二维码身份从而添加朋友。但是二维码发展至今其商业用途越来越多，所以微信也就顺应潮流结合 O2O 展开商业活动。

3. 技巧

(1)注册微信公众号，尽快获得微信官方认证。

(2)根据自己的定位，建立知识库。可以把某个定向领域的信息通过专业的知识管理手段整合起来，建成一个大家方便的知识检索库，同时将知识与最新的社会热点相结合，提供给目标客户，变成对目标客户的增值服务内容，提高目标客户的满意度。

(3)加强互动，每周感悟，竞猜送小礼物等。

(4)吸收会员，定制特权开展优惠活动。

(5)微网站，更省流量，更快捷地打开网站。

(6)微商城，在微信上直接展示商家，并且支付。

(7)第三方微平台。

(十)评价

微信一对一的互动交流方式具有良好的互动性，精准推送信息的同时更能形成一种朋友关系。基于微信的种种优势，借助微信平台开展客户服务营销也成为继微博之后的又一新兴营销渠道。

微博的天然特性更适合品牌传播，作为一个自媒体平台，微博的传播广度和速度惊人，但是传播深度及互动深度不及微信。

1. 点对点精准营销

微信拥有庞大的用户群，借助移动终端、天然的社交和位置定位等优势，每个信息都是可以推送的，能够让每个个体都有机会接收到这个信息，继而帮助商家实现点对点精准化营销。

2. 形式灵活多样的漂流瓶

用户可以发布语音或者文字然后投入大海中，如果有其他用户“捞”到则可以展开对话，如招商银行的“爱心漂流瓶”用户互动活动就是个典型案例。

(1)位置签名　商家可以利用“用户签名档”这个免费的广告位为自己做宣传，附近的微信用户就能看到商家的信息，如“饿的神”“K5 便利店”等就采用了微信签名档的营销方式。

(2)二维码　用户可以通过扫描识别二维码身份来添加朋友、关注企业账号；企业则可以设定自己品牌的二维码，用折扣和优惠来吸引用户关注，开拓 O2O 的营销模式。

(3)开放平台　通过微信开放平台，应用开发者可以接入第三方应用，还可以将应用的 LOGO 放入微信附件栏，使用户可以方便地在会话中调用第三方应用进行内容选择与分享。如，“美丽说”的用户可以将自己在“美丽说”中的内容分享到微信中，可以使一件“美丽说”的商品得到不断的传播，进而实现口碑营销。

(4)公众平台　在微信公众平台上，每个人都可以用一个 QQ 号码，打造自己的微信公众账号，并在微信平台上实现和特定群体的文字、图片、语音的全方位沟通和互动。

3. 强关系的机遇

微信的点对点产品形态注定了其能够通过互动的形式将普通关系发展成强关系，从而产生更大的价值。通过互动的形式与用户建立联系，互动就是聊天，可以解答疑惑、可以讲故事甚至可以“卖萌”，用一切形式让企业与消费者形成朋友的关系，你不会相信陌生人，但是会信任你的“朋友”。

(十一)优点

1. 高到达率

营销效果很大程度上取决于信息的到达率，这也是所有营销工具最关注的地方。与手机短信群发和邮件群发被大量过滤不同，微信公众账号所群发的每一条信息都能完整无误地发送到终端手机，到达率高达100%。

2.高曝光率

曝光率是衡量信息发布效果的另外一个指标，信息曝光率和到达率完全是两码事，与微博相比，微信信息拥有更高的曝光率。在微博营销过程中，除了少数一些技巧性非常强的文案和关注度比较高的事件被大量转发后获得较高曝光率之外，直接发布的广告微博很快就淹没在了微博滚动的动态中了，除非你是刷屏发广告或者用户刷屏看微博。

而微信是由移动即时通信工具衍生而来，天生具有很强的提醒力度，比如铃声、通知中心消息停驻、角标等，随时提醒用户收到未阅读的信息，曝光率高达100%。

3.高接受率

正如上文提到的，微信用户已达8亿之众，微信已经成为或者超过类似于手机短信和电子邮件的主流信息接收工具，其广泛和普及性成为营销的基础。君不见那些微信大号动辄数万甚至十数万粉丝？除此之外，由于公众账号的粉丝都是主动订阅而来，信息也是主动获取，完全不存在垃圾信息招致抵触的情况。

4.高精准度

事实上，那些拥有粉丝数量庞大且用户群体高度集中的垂直行业微信账号，才是真正炙手可热的营销资源和推广渠道。比如酒类行业知名媒体佳酿网旗下的酒水招商公众账号，拥有近万名由酒厂、酒类营销机构和酒类经销商构成的粉丝，这些精准用户粉丝相当于一个盛大的在线糖酒会，每一个粉丝都是潜在客户。

5.高便利性

移动终端的便利性再次增加了微信营销的高效性。相对于PC电脑而言，未来的智能手机不仅能够拥有PC电脑所能拥有的任何功能，而且携带方便，用户可以随时随地获取信息，而这会给商家的营销带来极大的方便。

(十二)缺点

微信营销所基于的强关系网络，如果不顾用户的感受，强行推送各种不吸引人的广告信息，会引来用户的反感。凡事理性而为，善用微信这一时下最流行的互动工具，让商家与客户回归最真诚的人际沟通，才是微信营销真正的王道。

【想一想】

微信营销有哪些特点？我们如何利用微信销售农产品？

【议一议】

1. 微信有哪些模式？各有什么特点？

2. 利用微信营销有哪些优势？各采取什么策略？

第四节　微店

本节以北京口袋时尚科技有限公司开发的微店系统为例，讲解如何注册开通自己的微店。

一、开微店的准备工作

(1)高性能的智能手机一部

(2)微店 APP

(3)以本人身份证号办理的银行卡号和手机号

二、注册微店

百度“微店”，找到微店官网，扫描里面的二维码，进行 APP 的下载(图 4-4.1,图 4-4.2)。

图 4-4.1　百度 APP 的下载

图 4-4.2　链接下载

下载完成后，点开 APP，就是微店的页面了，如果有账号的直接点击登录就可以了，没有账号的话，可以选择注册来进行账号的申请，这里要说的是，微店是可以微信登录的（图 4-4.3）。

图 4-4.3　点击注册

点击注册进入注册页面，填写你要注册的手机号码，点击下一步（图 4-4.4）。

图 4-4.4　输入手机号

输入手机号，点击下一步会有弹框的提示，单击确定，稍后会接收验证码短信。然后将验证码输入，再输入自己账号的密码。单击“注册”按钮完成。

三、微店基本设置

启动微店 APP，在登录界面下输入申请成功的账号和密码，单击“登录”进入微店。

单击微店左上角标注的位置，进行微店的基本设置。LOGO、店铺名称、店长头像、店长昵称、店长标签等项目都可以自己设定（图 4-4.5 和图 4-4.6）。

图 4-4.5　点击图标进入基本设置

16:10
74%
微店信息
店铺LOGO
店铺名称
嘟嘟毛绒玩具店
店长头像
店长昵称
店长标签
未填写
微信号
未填写
微信二维码
未上传
店长名片

图 4-4.6　基本设置

另外要说明的一点是，如果开通了微店是可以在自己的微信账号同步的，别人点开你的微信的时候会有显示（图 4-4.7）。

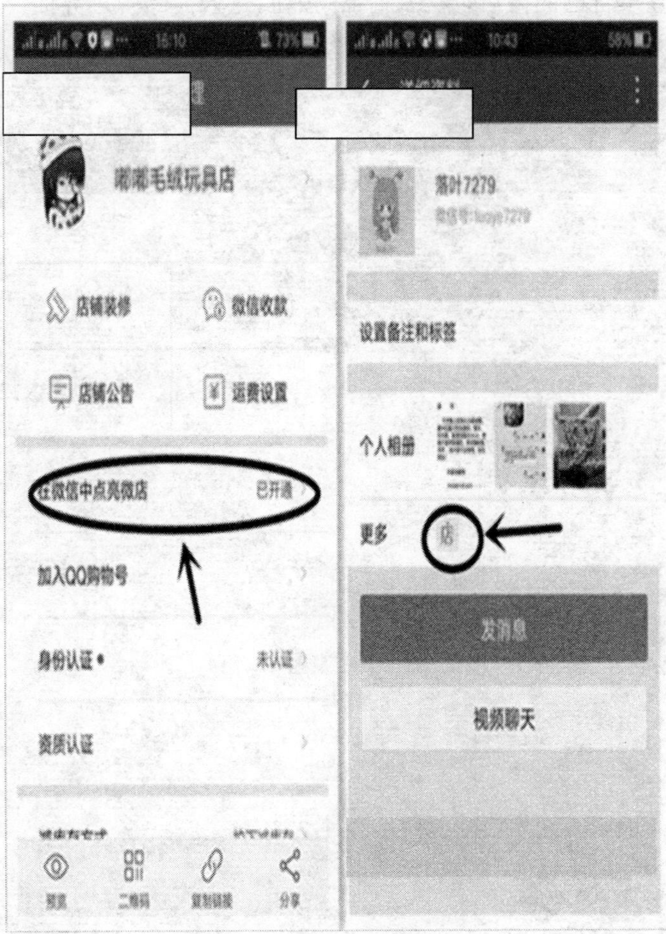

图 4-4.7　开通点亮微店

四、产品设置

登录自己的微店，单击"商品"按钮，进入商品管理界面。选择添加商品，按照对话框的提示逐条填写(图 4-4.8)。

图 4-4.8 商品管理界面

在这里要说明的一点是，微店也可以与淘宝相连，如果你有自己的淘宝店铺，那么可以直接利用搬家助手将淘宝店里的产品搬到微店里面（图 4-4.9）。

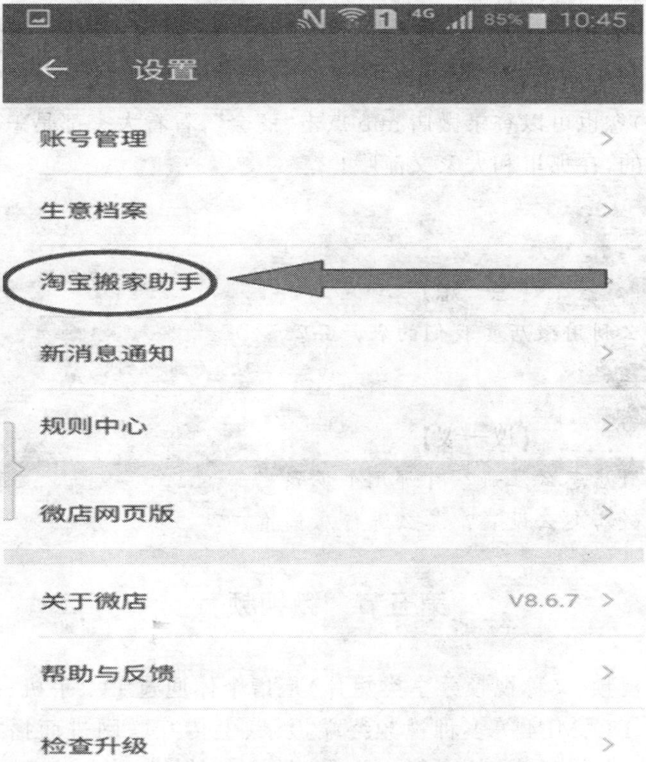

图 4-4.9　搬家助手

五、推广产品

店铺分享与推广方式：

(1)可将您的微店通过转发链接、二维码方式分享至您的微信朋友圈、QQ 空间、新浪微博,让大家帮忙互相转发推荐。

(2)添加友情店铺进行友情推广。

(3)开通微店直通。

(4)您可以登录手机端微店-营销推广-活动报名,报名参加您感兴趣的活动。

(5)您也可以登录微店 app 点击“商会”,看看大家都是怎么操作推广的,在那里和大家交流哦!

【想一想】

怎么利用微店卖我们的农产品?

【议一议】

1. 微店怎么注册?有哪几个步骤?

2. 微店怎么设置?怎么进行店铺推广?

第五节　微视频

微视频(又称视频分享类短片)是指个体通过 PC、手机、摄像头、DV、DC、MP4 等多种视频终端摄录、上传互联网进而播放共享的,短则 30 秒、长的一般在 20 分钟左右的,内容广泛,形态多样,涵盖小电影、纪录短片、DV 短片、视频剪辑、广告片段等的视频短片的统称。

一、微视频介绍

“短、快、精”、大众参与性、随时随地随意性是微视频的最大特点。

(一)主要特征

1. 微视频具备互动性

视频媒介可以进行单向、双向甚至多向的互动交流。观看者的回复也为该节目起到了造势的作用,比如有较高争议率的节目的点击率往往都是直线飙升的。

2. 微视频具备娱乐性

微视频对受众主体地位的强调及媒体内容选择的内在动力,造成微视频高举娱乐大旗,其提供展示的也多是轻松有趣的关于音乐、明星、旅游、动物等分享类的视频。从这点上说,微视频已成为大众解除心理负担、缓和精神压力的通道,同时也是人们分享信息、分享快乐的方式方法。微视频内容的娱乐性与草根性紧密结合,成为当下微视频短片日益深入人心的一个重要原因。

3. 微视频是"快餐性"文化

微视频的"短、快、精、随时随地随意性"正好迎合着时代。瞬息万变社会中的高频率、快节奏使得散居者往往不再寻求精英文化,他们希望时间上简短、意义上精炼,而微视频正是在这种快餐文化诉求中发展壮大的。

4. 微视频是非权威、低门槛的,主要以娱乐功能为主

网络视频节目制作者分散,水平参差不齐,节目的上传仅仅代表个人行为,并不与发布网站的舆论形象挂钩,因而不具有权威性。由此,显得更加大众化。

(二)微视频著作权

我国实行的作品自愿登记制度在于维护作者或其他著作权人和作品使用者的合法权益,有助于解决因著作权归属造成的著作权纠纷,并为解决著作权纠纷提供初步证据。任何登记行为都是证实权利的初步证据。

(1)选择中国版权保护中心官方指定的传统登记备案机构。

(2)选择行业协会等第三方平台快速电子数据登记备案。

(三)趋势

专家预测,网络视频将成为中国未来2、3年的热点,而微视频的出现,势必与传统影视内容形成充分互补,不仅符合现代社会快节奏生活方式下的网络观看习惯和移动终端特色,也可满足娱乐爆炸、注意力稀缺时代消费者的自主参与感和注意力回报率的需求,可以预见,"微视频"带给大众的将是随时随地随意的视频享受。

(四)应用

随着微博的广泛普及,以及微小说、微漫画等应用的兴起,微视频在沉寂几年后再度受到关注,在2010年底,微视频进入企业商用,赢道顾问率先在陶瓷、卫浴、家电、涂料、家具、地板、照明、日用化妆品等行业里推行微视频,金牌卫浴的亚运微视频、欧神诺陶瓷的原创微视频等流传甚广。赢道顾问总策划邓超明认为,微视频作为一个很早就被提出,但大面积商用严重滞后的应用,其状况正在发生改变,尤其是随着数字营销和网络视频的成熟,微视频将变得热闹起来。

(五)微分析

"微视频"的"微"主要在其"短""精"。微视频的出现及其"普众化",意味着我们真正进入了"超视像"的媒体时代。微视频的传播突出显示视像的奇异和另类。微视频的制作、上传和浏览的主体主要是年轻人,互联网在年轻人的使用中,促生了如黑客现象、粉丝社群、网络恶搞、动漫游戏等。微视频的内容、形式的制作和传播成了视频文化的主流……

(六)市场发展

近几年来,长视频市场的格局发生了翻天覆地的变化。各大视频网站纷纷炒作和竞购电视剧、电影、综艺等长视频的版权,使该市场成了竞相追逐的红海,也因此出现了不少泡沫。与此同时,受手机流量费用的高昂和手机上网速度低等因素限制，微视频领域的价值被严重低估。现在，随着中国网民数量的急剧增长（即将超过 10 亿）和智能手机的普及，第三代通信网络技术和商用的成熟与推广，微视频再度进入人们的视线。市场上开始出现各种相关产品，创业者和投资人们也渐渐将目光投向了这个领域。

历史总是在螺旋式上升和不断地“重演”，但这重演绝不是简单的重复。这一次微视频的“回归”和以前相比也有着明显的不同和鲜明的特色，那就是移动化和社交化。智能设备计算能力的提高已经使得在手机端拍摄、编辑和创造视频变成现实，而微博和脸书（facebook）等社交产品也培养和激发了人们分享和交流的需求。因此能够有机地将社交、移动和微视频三者联系起来的产品必将能在这个蓝海市场中取得惊人的成果。可喜的是，我们已经开始看到不断有产品在这个领域出现。有过硅谷创业经验的陆坚博士回国创业后带领团队开发的“微酷”产品就是定位于这个市场的典型代表之一。“微酷”是典型后 PC 时代的微视频产品，支持并且仅在手机上进行音视频拍录、编辑、视频特效，上传和分享最长为 30 秒的 UGC 微视频。从目前的趋势来看，这个市场已经引起了人们的关注，相信会有越来越多的人关注和投入回归后的全新的微视频领域。

2011 年，中国手机微视频还处于初期的发展阶段。艾媒咨询（iiMedia Research）数据显示，2011 年中国手机微视频领域市场规模为 0.25 亿元，预计 2012 年市场规模将达到 0.74 亿元，增长率为 196%，到 2018 年市场规模预计达到 7.65 亿元。

二、微视频发布

本教材根据发布形式的不同人为地把微视频制作分为三类：

（1）草根型　直接用手机录像，然后以原生态形式发布。

（2）直播型　在花椒、快手、抖音等视频直播平台进行直播。

(3)后期制作平台发布型　这要有专业的编辑制作软件辅助。完成后发布到一些视频网站或社交平台。如腾讯视频、优酷、土豆、酷6、56视频、爆米花、凤凰视频等视频网站平台。

三、微视频营销

微视频营销,不同于商业化的影视大片,也不同于大众言论的视频短片,它是介于两者之间的一种新媒体网络化的营销手段。

对于企业来说,微视频营销是完全为企业而定的影视营销。这点与影视植入广告相同,只不过它没有采用广告那生硬的宣传方式,而是采用了一种更加柔和的方式,融入故事本身叙事风格中,使观众在潜移默化中接受企业品牌。由于受到时间限制,因此微视频以情节制胜,这与商业大片有些类似,而企业可以比较轻松而自然地将品牌信息融入故事情节中,以通过故事主人公的"事与情"达到升华、突出表现或引发关注情感共鸣等。

(一)核心

微视频营销需要把握几个重点:营销的对象是谁?预期的目标是什么?效果如何监控等问题。

1.推品牌还是推单品?

如果只是推品牌,如何追求ROI?微视频应该在符合品牌特性的前提下,落地单品销售!但前提是,电商要重视品牌推广,品牌力对销售的驱动力是不可忽视的。因此,应该以推品牌为主。比较流行的做法是牢牢把握住品牌的基因和基调,再将单品嵌入故事情节当中。总而言之,微视频是品牌方通过电影要表达的内容和背后的含义,来跟会员进行沟通的一个手段。

如果公司还处在资金较少,品牌建设不够成熟的阶段,建议大家在考虑效果的情况下选择淘宝内部的推广工具直通车、钻展和淘客进行整合传播。

2. 如何评估微视频的效果?

微视频传播的评估需要立体地看,不同层面、不同类型的媒体有不同的衡量标准,要根据传播的目的、媒体的特性,才能合理规划与衡量传播的效果。

微视频对品牌产生的效果,除了视频的播放次数以外,网络上对视频的大量舆论也可以是衡量的标准之一。另外,为了更加客观了解传播效果,调研是比较好的方式。

微视频的效果评估可从三个维度来测评:

(1)微视频的播放量和主动传播的数量,可从播放量和微博转发数、论坛跟帖数等做统计;

(2)品牌知名度提升,可从百度指数、淘宝指数等工具来统计;

(3)淘宝销售转化,淘宝热词品牌、店铺名搜索、品牌淘宝整体销售额增长率、主核心店铺销售转化率、客服关键词中对微博事件买家主动提及次数等。

(二)特征

微视频不同于网络视频短片,它更偏向商业化,更偏向于影视专业制作。微视频一定是一个故事,不一定是品牌故事,但主要是品牌故事,而且它的背后一定是商业驱动,一定是专业化的制作,一定能够起到商业电影一样的视觉与情感享受。

微视频与微博有异曲同工之意。微博是靠一百多字、图片等有限信息支撑起大众言论平台,而微视频要想在短短十几分钟,甚至几分钟内打动观众,引发关注,一是靠故事性,二是靠与观众的情感共鸣。用户看完一部微视频后愿意转发和评论,愿意分享,甚至愿意寻找故事中出现的人和品牌,比如大众银行制作的老人环岛旅行微视频。好的微视频触发用户愿意做出相应的动作,这是核心,而不是企业自说自话。

(三)优势

1.微视频营销优势在于交易成本节约

微视频营销能够节约交易成本,交易成本的节约体现在企业和客户的两个方面。对于企业,尽管互联网需要企业有一定的投资,但是相比其他销售渠道,交易成本已经大幅降低,降低交易成本主要包括通信成本、促销成本和采购成本。对于客户,无须销售人员主动寻找客源,而是让客户主动“送上门”,节约了人力资源以及成本。

2.交易信息的交互性

互联网促销是一对一的,而且是消费者主动了解信息,而不是强制性的,微视频营销是一种低成本、人性化的推广,避免推销员对消费者的干扰,并通过信息和互动的对话和消费者建立长期良好的关系。网络是一个活跃的信息传输通道,与传统的存储销售方式比较,企业可以在网络上发布信息,积极活跃市场或者是发送一封电子邮件广告,客户在家里可以询价或了解订购信息,实现双向互动的完整的市场销售流程。网络互动性也表现在市场推广活动,市场单方面积极传播实现在网络和客户沟通、交流的双向互动,使推广效果更有效。

3.突破时间和空间的限制

因为互联网已经超越时间和空间限制的约束,企业可以有更多的时间和更多的空间用于市场营销。物流的快速发展也促进了微视频营销的发展,企业与消费者之间的距离更加“贴近”,打破了传统的空间限制,因为有的企业销售网络并未发展得很完善,部分地区还没有销售企业的产品;或者是企业的最新产品在宣传推广期,即可在网上预售,这样消费者也可以提前在网上购买,而不是一定要等到市场正式的发售日期。

【看一看】

微视频之所以火，是因为中国广告业发达，受众传播越来越依靠网络渠道，同时广告主对广告效应的追求，尤其在投入与效益比上，更加对微视频情有独钟。微视频营销具有以下明显优势：

1. 更具吸引力。每个人都可能仅仅因为对微视频内容的好奇而播放、欣赏，而普通的企业广告宣传片却无法吸引不相关观众的目光。

2. 更具亲和力。普通的企业宣传片纯粹以宣传自身为目的，容易引起观众的抵触情绪，而企业微视频的剧情、内容更容易让人接受。

3. 更具可看性。剧情赋予了企业微视频更丰富的表现形式，相对于千篇一律的企业宣传片，企业微视频可以包含更丰富的创意元素。

4. 更具传播力。好的微视频作品能够将企业品牌融于故事情节，与观众情感共鸣，因而观众的参与深度更有利于传播。

微视频的逐步兴起，对苦于找不到新营销手段的广告公司而言，也是一次重要的机遇，不仅重新打开了他们的营销创意视野，而且还让他们有了整合上游影视娱乐闲置资源的机会。据了解，影视制作方有大量的资本和人力资源都处于闲置或者半闲置状态，急需要新的产业平台对其进行盘活。

(四)趋势

当我们对网页跳出的广告熟视无睹，对视频放映前的广告植入心存愤懑……网络营销的硬广告时代正在渐行渐远；当月月姐的火爆引来世俗的抨击、凤姐的炒作遭受世人的鄙弃，网络恶俗炒作也随之引来争议。至此，企业主们面对传统的网络营销模式，营销投入开始变得踌躇。

由于微视频的兴起，引发了众多微小企业也恋上“微视频”。

奥康就是其中之一。对于奥康拍“微视频”,奥康品牌推广部负责人表示,她更愿意把这种视频看作是“病毒视频”,它的最大特点是富有一定的情感诉求,能在短时间内激发人们积极的情感并达到一种共鸣。“我们不推广产品本身,只是传达一种精神、一种理念,诠释我们的品牌文化。”这种视频主要是针对年轻群体,因为他们更能接受这种营销形式,品牌可以以此达到营销的目的。

除此之外,知名鞋企匹克体育的微视频《灌篮高手三分扭转杯具》刚刚上线,便引起业内轰动,单是在优酷网上,2 天内就被点播了 16 万多次,据了解,这已经是匹克第二次用视频片子这种新兴的法子来进行品牌营销了。其第一次尝试的《跑过死神的快递员》,届时在网络上的点播量累计超越了 800 万次。而在多个月前,特陶卫浴的《马桶编年史》在短短 10 多天就有 100 万次的播放量。

这一个个成功范例正在告诉着我们,继硬广告、恶俗炒作之后,网络营销即将迎来一个新的纪元——微视频营销时代!

“今晚,跟我一起驾车游走吧!”微视频《为爱冲动》中桂纶镁清纯俏皮的表情令人难忘。MG 品牌的广告代理公司为全新 MG3 所制定的整个上市传播策略,紧紧围绕着“为爱冲动”这一主题展开。其不仅邀请到了亚洲炙手可热的人气偶像赵又廷、桂纶镁担当代言人,更请到知名导演张恒泰拍摄 MG3 电视广告与微视频。还有,以《老男孩》为代表的科鲁兹“11 度青春”系列电影,收获了超过 1 亿的网络点击量;以《父亲》为代表的科鲁兹“青春感恩记”,则是一组关于“感谢”的深情表达。这部围绕父子、父女之间的故事,写下了 70、80 后与父亲之间那种始终难以出口的爱,在影片及主题曲结束之际,雪佛兰科鲁兹 logo 及“未来为我而来”几个字出现,毫无做作痕迹,自然过渡,却深入人心,企业品牌在故事情节中得到升华。

(五)创作要素

1. 内容至上

一个企业能讲好故事,就可以花很少的钱达到更好的营销效果。而真正能讲好一个故事,源于一个好的剧本。当亿万网民为一部部微视频情节津津乐道时,最令人感激的应该是幕后的创作者。是他们日夜苦思创作,让我们看到这么好的作品。也因为一部部经典微视频亮相,让梁三百这样的微视频幕后创作人被大家所熟知。

“微视频营销,完全可以让企业,花几万达到几十万、几百万、甚至几千万的广告效果。”梁三百的信心,让我们看到微视频的未来,也让中小企业低成本营销看到了希望。

“在如今广告满天飞的网络环境中,仅仅一篇广告视频、一段宣传文字已经远远不能吸引网民的注意,唯有以独到的创意展现内容的新奇,才能够吸引受众的眼球,让其驻足围观。”微视频知名创作人梁三百表示。

前段时间火及一时的“杜蕾斯套鞋防雨”事件,有谁会想到在雨天把杜蕾斯套在鞋子上来防雨呢?于是这样一条新浪微博一经发布,迅速被转发数万次,并荣登热点话题榜首位置,为杜蕾斯带来巨大的宣传效应。而新浪微博的“4D 微互动电影”——《李娜大战鹅地神》则以“网友参与电影情节发展”的新颖方式成功吸引了数百万网友参与其中。

2. 娱乐休闲

商业性太浓,很容易遭受受众的心理排斥,而微视频则是以一种娱乐休闲的方式进入网民的视野,达到让受众从中享受到轻松愉悦的感觉,从而打破这层心理屏障。如下面的漫画:

借众网民喜爱的漫画形象,同时融入幽默风趣的场景设计,让受众感觉很有意思,从而乐于接受并形成自主传播,如在“自从有了它”版面融入产品信息,则可达到很好的品牌传播效果。而“一件衣服可以换一瓶 BUDLIGHT 啤酒”微视频一改传统广告商业性浓的特点，以其娱乐休闲性广为网民所喜爱。

3. 受众心里

微视频之所以有别于其他网络广告形式，就在于其互动性，内容必须能够充分吊起网民的参与热情，使全民参与收藏、分享、讨论甚至是二次创作，进而释放微视频的影响力。

在这方面运用自如的最数杜蕾斯。有 30 多万粉丝的草根名微博“作业本”发表一条恶搞微博“今晚一点前睡觉的人，怀孕”，杜蕾斯回复以“有我，没事”引得众网友转发 7 000 多次；而当网友恶搞篡改益达广告语“兄弟，油加满……你的杜蕾斯也满了。”时，杜蕾斯则回复以“杜蕾斯无糖避孕套，关爱牙齿，更关心你”引得众网友捧腹，进而为杜蕾斯带来巨大的宣传效应。

如今，越来越多的微视频频频跳入网民视线，并成功演变为众网民乐于互动的话题。轻广告正在以不可阻挡之势，抢夺网络营销手法之冠。

4. 营销量化

每个成功的微视频背后都有一个坚定的广告主，微视频已经成为他们的营销标配，而且越来越多的企业都在尝试微视频营销。微视频的“投放精准、渠道精细、互动传播”特点与传统电视广告的“粗放式广撒网、强制覆盖”特点相比较，更容易告诉广告主，“你的广告费花在哪里了”“是谁在看你的广告”。这将改变广告主的一些投放价值取向。

2011 年，微视频热潮席卷网络，在这个信息泛滥的时代，微视频以独特的方式吸引了网民的高度关注。这让在积极探寻创新传播方法的企业看到了希望的曙光，只因利用微视频进行营销为商家带来了前所未有的商机。2011 年各行各业均有企业进行了微视频营销，利用微视频进行有效传播，不仅打破传统的营销模式，而且进行营销模式的创新。这种模式对于企业本身和行业的营销观念都有着深远的影响。

微视频是指以互联网、手机、移动视频浏览器等这类“新媒体平台”为主要播放渠道，具有完整故事情节，超小规模投资的“类”电影视频。

【想一想】

什么是微视频？微视频有哪些特点？

【议一议】

1. 微视频有哪些发布平台？各有哪些特点？

2. 微视频营销具有哪些明显优势？我们如何做？

第五章　它山之石——电商案例赏析

许多农业经营者都在抱怨：做农业太难，把农产品卖出高价更难！

但，有些人却依托电商嫁接成新的营销模式把农产品卖出去了，而且还卖出了高价，还赚到了大钱！他们是如何做到的呢？让我们沿着他们的足迹去探寻他们的成功之路。

【看一看】

农产品互联网营销的四大趋势

趋势一　农产品＋网络直播

2016年网络直播很火，范冰冰、赵丽颖等明星纷纷参与网络直播，并获得百万的打赏。网络直播的好处：①亲眼所见，提高购买信心；②参与互动，获得满足感；③新奇时髦，很多人都是冲着没有玩过的东西而来的。

同时，农产品＋网络直播能解决信任问题，通过网络直播可以让用户增强产品的信心；还可以快速传播推广，因为，网络是没有边际的，网络直播的方式能很好地推广农产品及品牌。

但网络直播也要考虑几个问题：①网络主播的知名度，最好是企业创始人或者明星；②服务要跟上。尤其是有用户下单后要安全、快速物流与配送。

案例：在海南省海口市石山镇举行的互联网农业小镇创客沙

龙专场推介会上,4 名“创客”变身“网红”,通过网络直播的方式将特色农产品推销到全国。海南爱尚玫瑰实业有限公司董事长乔顺法在直播中推销起自家的火山玫瑰:大家眼前看到的是火山玫瑰加工的成品:香皂、精油、鲜花饼。除了在实体店购买,全国的观众也可在微信上下单。

趋势二　农产品＋微商

其实,就是农特微商。通过微信朋友圈发布自家的农产品信息,该信息包含:种植、成长、采摘等信息。把农产品的生长情况拍成图片发布到微信里,让用户第一时间了解农产品的情况。

农产品＋微商需要我们考虑几个问题:①品牌打造:要打造一个人格化的品牌,通过品牌来溢价。②供应链打造:配送与物流、冷链。这是农特微商的重点。③展示真实的自己:微信朋友圈卖的不是产品而是人,是用户对我们的喜欢与认可。

案例:号称“中国农产品微商第一案例”的张大发卖樱桃,他 15 天,卖出 81 282 箱樱桃,获得 10 365 950 元的营业收入。张大发短短 2 个月,建立了 10 几个微信群,并不断培训做线上预售,还组建微商团队,加强个人标签的推广及强化,之后就靠主动传播,打造个人魅力,从而实现了团队、用户以及分销商对张大发的信任。因此,才会出现万人共同帮你卖樱桃的案例。

趋势三　农产品＋餐饮

把餐饮店、餐饮体验当作渠道或者平台,之后把农产品的体验、农产品消费、农产品互动嫁接在餐饮店里,从而破解农产品销售难的困局。

采用“农产品＋餐饮”营销模式要思考以下几点:①要不要自己做餐饮体验店;②从农产品的优、特上下功夫;③吃、玩、学如何平衡。

案例:有一家“乡村食材体验餐厅”,这家餐厅表面上干的是餐饮生意,能吃到以乡村原生态食材做的各种美味,卖的却是土鸡、土鸭、土猪肉、鸡蛋、鸭蛋等农产品。之后通过店内宣传并结合互联网，刺激用户需求、留住客户、鼓励消费。

同时，这样的案例还有一家养猪场开了2家猪肉主题品鉴馆，消化掉了70%的产量；一个搞养殖的开了家梅花鹿山庄，鹿产品供不应求；一家食材体验餐厅内，食客吃完饭后便定购了一年要吃的肉类、鸡蛋。

趋势四　农产品+社群

社群是什么概念？就是有相同标签、相同兴趣、相同爱好、相同需求属性的人自发或者有组织的群体组织。在农产品方面比如樱桃爱好者、素食爱好者、减肥爱好者、苹果爱好者等，他们对同一属性的农产品具有相同的需求，这些人组成的群体就是社群。

案例：优食管家是一个基于社群销售食材的B2C+O2O直供平台，2016年已经获得千万级的B轮融资。以妈妈群体、减肥群体、家庭主妇等为相同标签的群体组成社群，并定期给这些群体提供农产品。目前，优食管家的社群发展到5 300家，也推动着农产品、生鲜产品的销售。

当然，营销或玩法只是工具，农产品的卖点还是在农产品本身。只要有好的农产品，就有机会卖出去，而且还能卖出高价。

（资料来源：http://www.sohu.com/a/139700552_379553 有修改）

第一节　三只松鼠

安徽三只松鼠电子商务有限公司成立于2012年，是一家以坚果、干果、茶叶等森林食品为主的研发、分装及销售网络，且自有B2C品牌销售的现代化新型企业。先后获得IDG的150万美元A轮天使投资和今日资本的600万美元B轮投资。其发展速度之快创造了中国电子商务历史上的一个奇迹。在2012年天猫双十一大促销中，成立刚刚4个多月的“三只松鼠”当日成交近800

万元，一举夺得坚果零食类目销售冠军，2013 年的坚果销售额超过 3 亿元，三只松鼠正在成为一家实力雄厚的互联网电商食品领导品牌。2017 年年初，三只松鼠宣告自己销售额已突破 50 亿元，利润超过了 2 亿元，值得注意的是，这距离其成立仅仅 5 年。2018 年雄心勃勃的三只松鼠宣称 2020 年销售额将达到 200 亿元(图 5-1.1)。

图 5-1.1　三只松鼠品牌设计

【案例分析】

三只松鼠快速崛起的因素分析

1. 正确的定位

无论是早期的森林食品第一品牌，还是后面提出的中国最具用户体验网店，还有接着宣传的互联网食品第一品牌，到现在直截了当提出全网坚果销量第一，都牢牢抓住了用户心理，合适的时间踏出了合适的脚步。

2. 极具互联网思维

从创新地使用开箱器、果壳袋、湿巾到称呼顾客为主人，从简单易记忆的品牌名字到萌意十足的动漫 logo，从每个员工都只叫鼠××到装修着大树池塘的办公室，三只松鼠的每一个举动都在用互联网思维去引发顾客好评。

3. 成功撬动媒体

无论是三只松鼠的微博矩阵与所有粉丝的互动，还是创始人章燎原频频现身各大电视报纸杂志，三只松鼠本身和它的成功以及它的团队都引发了媒体的狂热追捧，在这个全民自媒体的时代，抓取观众的眼球，挖掘媒体想要什么，电商太需要会利用这种资源的操盘手了。想想为何刘强东每次融资总会伴随着一个事件炒作、陈欧要亲自给聚美优品代言呢？

4. 优秀的设计＋数据运用

很多人都觉得三只松鼠的设计很赞—冲击力十足的大头包装—狂抓眼球的宝贝首图—频繁更新的创意首页—文化故事丰富的宝贝描述；然而更要看到三只松鼠旗舰店背后强有力的数据驱动—日均 10 万的 UV—双十一 500 万的 PV—直通车高于同行 2 倍的 ROI—日均 1 000 单还高于同行 20％的 DSR。这么庞大的数据没有一个强有力的数据引擎是吃不消的。

感悟

当然，三只松鼠的快速崛起肯定还包括优秀的供应链，成功的团队文化和资金运作，不作为互联网时代独有产物，不做深究。我们要深层次去挖掘其背后独特彰显的互联网思维。

我们要看到 O2O 日渐盛行，微信支付已经基本开放，人们打的、吃饭、购物已经不需要钞票了，互联网真的在改变着人们生活的方方面面。这边我们还没搞懂互联网呢，世界已经进入到移动互联时代了。如何让“传统品牌”具备互联网思维，真正接受并勇敢地踏进互联网这个新兴渠道才是我们需要沉下心来去思考的。那究竟什么是互联网思维呢？我们觉得包含但不仅限于以下几点：

1. 产品、品质和服务已经是基础中的基础

我们过去企业的成功先是归结于产品，那是因为改革开放物资匮乏，兴起了一批企业如傻子瓜子；后来归结于品质，竞争有了，我比别人品质更好，如诺基亚；再后来归结于服务，竞争变多了，我的服务软实力比你强，如海底捞。而今天，也只有今天，互联网这批消费者，尤其80后90后这代人，是史上最难伺候最挑剔的消费群体，产品、品质、服务三项在消费者看来是最基础的基础。我们相信传统企业的产品和品质是值得称赞的，但是接地气的服务也不可或缺，这是根本的根本！

2. 跟用户更近，学会用新兴工具与用户互动

有人说：人在哪里，市场就在哪里。品牌商应该意识到，互联网时代人们去的地方变了。之前人们去工厂、去车间、去电影院更多，而现在呢？年轻一代在微博、微信、朋友圈泡的时间更长、投入眼球更多。互联网思维最重要一点就是要跟用户走得更近，任何高端冷艳、冷冰冰都不会长久，都终将被用户放弃。传统品牌是不缺乏和用户分享互动的“物料”的，只是关注点应该随着人们的视线转移而转移了。微博、微信、公众账户，是否可以借助新奇的包装、广告以及新型工具传播开来呢？

3. 勤改进包装，让设计带给顾客品牌的新鲜和生命力

如果一个品牌10年不换包装，那么这个品牌是有危险的，就跟人10年不洗澡相似，但企业本质性的东西是慎换的，也就是说衣服可以换，身体要是自己的，这就是为什么可口可乐百年过去了，口味几乎没变，但是包装和广告永远在更新的原因。传统品牌的包装、线上广告、线上页面设计如果长时间没有更新过了，就失去了品牌的生命力。

4. 重视数据

有一家知名女装品牌叫“UNIQLO”，在网上开了几家旗舰店，并不在乎网上销售额业绩，也不看重赚了多少净利润，他们通过线上销售产生的宝贵数据成功指导他们进行产品定位和线下实体店选址，取得了良好的效果。电商最重要最宝贵的也就是数据驱动力，传统行业难以望其项背。这种快速的数据积累和反馈，可以让企业在最短时间内做出最正确的决策，这同时也是沃尔玛收购一号店的核心原因。数据之于“线下大牌”仍旧是一座等待开启的互联网宝藏。

【想一想】

三只松鼠成功的秘诀有哪些？我们从中学到了什么？

【议一议】

1. 三只松鼠品牌的快速崛起对我们有哪些启发？

2. 我们的农产品能不能做成像三只松鼠一样的品牌？

第二节　海伶山珍

土特产电商的潜力有多大？一部《舌尖上的中国》足以让人咋舌，据淘宝数据显示，该片开播之后的五天内，共有 2 005 万人次在淘宝网浏览过片中介绍的美食，成交量达到 729 万件。相对于服装、鞋类等大类目而言，农产品、土特产仍是一片潜力巨大的蓝海。

不过，早在 2009 年，农产品电商意识还未兴起的时候，海伶山珍店铺就走上了土特产的细分道路：食品中的土特产，土特产中的青川野生土特产。把“山里人的货”搬到线上，目前已经做到了3皇冠，2012年的年销售额达到350万元。销售额增长也许并不算特别快，但店铺目前已经拥有2万～3万的老客户，店铺的热卖产品农家土蜂蜜已经累计售出上万斤。2017年，“海伶山珍”的年利润已经达到了2 000多万元，跟2012年相比翻了4、5倍。

一、单品爆款？NO

早在2009年，青川的野生土特产被农户采出来之后，基本都是被农户拿来送给亲朋好友，顶多也就拿到镇子上去换点小钱花。据海伶山珍创始人赵海伶回忆，在成都上大学期间，同学朋友经常托赵海伶捎带一些青川土特产，比如竹荪、花菇之类的。

看来，这些土特产还是挺受欢迎的，而且青川县的很多土特产都具有国家地理标识认证，许多地方的土特产认证标准都是按照这里的产品定的，质量绝对靠谱。这么想着，大学毕业后回到青川老家的她开始琢磨着把这些土特产搬到网上去卖。

于是，赵海伶开始背上大竹篓单枪匹马地进山找货，东一枪西一炮地找能上网的电脑销售，因为地震后重建中的青川能上网的电脑很少。就这样，海伶山珍第一个月做了1 000元左右的销售额。

而在2009年的时候，淘宝红利还在，加之所向披靡的单品爆款玩法，让不少女装、男装、鞋类等大类目卖家风生水起。但对靠天生长的野生土特产而言，似乎只能与爆款玩法Say Goodbye。

按季生长的野生植物，产量高低可不由人说了算。雨水太多太少，气温太高太低，都会影响到野生植物的生长状况，而产量的高低也必然会影响到价格的波动，再加上野生产品卖相普遍较差，这些因素都会直接影响到产量和销量。

而且，要把分散在青川30来个乡镇、农村、山林里的野生产品从一个个农户手里挨家挨户地收上来，需要耗费的时间、人力成本可想而知。在海伶山珍店铺进山收货之前,几乎没有人愿意去做这些事,需要耗费的时间和人力成本实在太大。

货源不充足,要提高销量,打造爆款简直是天方夜谭。再加上大山里的物流,也是一道难以绕过的坎。尤其是2009、2010年开店初的时候,青川还在重建中,偏僻的农村交通极其不便,物流快递更是一片空白。而镇里唯一的邮局效率极慢,一度让赵海伶崩溃。为了尽快把包裹发出去,只能通过镇里的大巴车先把快递送到广元或者成都,然后通知当地的快递公司去取件。尽管现在有了很大的改善,物流的成本始终是一个硬伤。

主流玩法不行,海伶山珍只能靠亲朋好友的推荐和在外青川人的搜索购买,一点点地积累客户。2010年3月,店铺的销售额已经达到5万~6万元。

二、抓住客户的敏感神经

在还不是特别熟悉淘宝运营和推广的时候,海伶山珍主要还是靠老顾客的口碑传播。“买过我们店铺产品的顾客,基本都会再来买。”据赵海伶介绍,店铺的回头率相当高。

海伶山珍销售的全是野生土特产,售价相对较高,其消费群都是对生活品质和食品质量有着比较高要求的人,而要挑动这些人的神经,仅仅在店铺中写上“野生”和“只卖山里人的货”并不够。

为了让客户更加信任,赵海伶专门开通了博客,她把每次进山取货的照片一一拍下来,把进山取货的经历和图片放到博客中,同时也放在店铺的首页和宝贝详情页。例如,进山取蜂蜜,一路上跋山涉水的经历,蜂农放在野外的蜂箱,以及现场如何取蜂蜜,取完之后他们又怎么装罐,所有照片都让客户感受到现场的真实感。

没想到,博客开通没多久,点击率就超过了30万次,客户对这些信息的敏感度可想而知。此后,海伶山珍的官方微博、赵海伶的个人微博也常常都会出现进山取货的照片和内容。

客户慢慢对店铺产生信赖，不少客户成了常年购买的老顾客，店铺评价普遍较好，不过野生产品的卖相较差，时而会被一些客户指责。有次买家购买了一些野生山核桃，但收到货之后发现有一些核桃脏兮兮的，而且有瑕疵，因此指责海伶山珍卖假货。这让赵海伶难过了好久，为了让客户满意，她常常一天花好几个小时把收购回来的产品一个个挑选好。

同时，为了让客户更加满意，她开始在包裹放纸条和礼物，纸条内容一般都是产品的功效和食用方法介绍。而礼物也会根据产品而定，例如核桃就会送一把核桃夹，蜂蜜则会送上一个木勺。

通过这些方式和客户的口口相传，海伶山珍在 2012 年的年销售额达到 350 万元，2017 年，“海伶山珍”的年利润到了 2 000 多万元。

三、抢占市场高地

当只有一家店在卖当地的特产时，整个需求市场当然都是你的。但是，当第二家、第三家、甚至第四家店出现在同一市场的时候，产品的竞争优势是什么？店铺的辨识度又在哪里？

如今，在淘宝网店铺搜索栏中搜特产，相关店铺已达 10 多万家，搜“青川特产”，相关店铺也已经有 200 多家，而且产品集中在蜂蜜、竹荪、花菇、木耳这几类产品。由于每个地区的土特产都无太大差异，进入门槛低，店铺不断增多，导致竞争的加剧，价格战也在悄然打响，售价较高的野生产品必然会受到冲击。超市售价 20 多元的蜂蜜，在海伶山珍的售价是 49 元，而网上类似的产品还在不断增加。这一切都加剧着赵海伶店铺的忧虑。

不过，目前土特产的问题很多，包装低劣、档次不够、假冒现象严重、缺乏有效的产品标准等。而海伶山珍较早地给店铺注册了商标，对店铺产品进行统一包装，并在店铺中放上食品流通许可证、产品生产许可证等，无形中让客户感受到店铺产品品质有保障。这也在一定程度上拉高了竞争门槛，避免店铺陷入同质化、价格战的混战中。

同时，海伶山珍也在加快进入本地市场的步伐，2012 年 6 月，海伶山珍的第一家实体店在四川绵阳开业，随后第二家在成都开业。通过线下的体验，即线上线下结合的方式，进一步打开市场。

不过，对海玲山珍来说，最难的还是货源问题。为了激励农户扩大规模，赵海伶以高出市场 5%的价格进行收购。虽然一些长期合作的农户开始有意识地增加人力去采集产品，但这种零散采购的方式始终无法满足现有的需求。有时，店铺只能在产量好的时候囤积一些干货，一来可以防止价格的波动，二来这样才能参加淘宝的一些营销活动。（来源：卖家网）

【想一想】

土特产电商的潜力有多大？

【议一议】

1. 海伶山珍主要卖土特产，我们有哪些土特产？

2. 我们的土特产怎么依托电商卖出去？电商卖农产品还存在哪些问题？

第三节　韩都衣舍

韩都衣舍电商集团创立于 2006 年，是中国互联网品牌生态运营集团之一。凭借“款式多、更新快、性价比高”的产品理念，得到全国消费者的喜爱和信赖（图 5-3.1 和图 5-3.2）。

图 5-3.1 韩都衣舍品牌设计

图 5-3.2 韩都衣舍官网

一、创业者及创业团队介绍

赵迎光，现任山东韩都衣舍服饰有限公司总经理。

1974 年出生于山东省潍坊市。

1997 年作为山东国际经济技术合作公司韩国支社代表，赴首尔工作。

2002 年开始先后在易趣网和淘宝网兼职开网店。

2007 年回国，筹备创业。

2008 年创立韩都衣舍(HSTYLE)。

2010 年韩都衣舍荣获“十大网货品牌”，赵迎光本人荣获“最佳全球化实践网商”。

二、项目的选择

受到韩国知名服装销售网站启发的赵迎光 2007 年辞职回济南创业，决定创建一个互联网服装品牌。

回国创业的初期，赵迎光通过代购国外奶粉赚取了第一桶金。

2008 年，韩都衣舍正式开业，同时，他还在韩国注册了法人公司。赵迎光看好中国女装服饰巨大的市场规模和吸引力。但随后他发现，在济南要做单纯的服装品牌，在设计、生产、行业经验、渠道上并没有什么优势。由于有了韩国工作的经历，赵迎光扬长避短，决定先从韩国代购起步。

2009 年，经过一年的探索，韩都衣舍转型为互联网自有品牌，并开创了“基于产品小组制为核心的单品全程运营体系”这一独特的“研产销”一体的商业模式。

三、创业历程

(一)创业初期

在韩国受到启发的赵迎光决定创业的时候就把目光锁定在服装行业，但创业之初，他是先通过代购奶粉赚取第一桶金再转向女装市场的。

刚开始，赵迎光把网店定位为做“进口韩国商品”的品牌代购生意。他的团队主要由会韩语的设计专业学生组成，两人一组作为一个买手团队，共 50 组。他从韩国寻找最时尚的服装品牌，供顾客挑选，再根据顾客订购从韩国进口商品。但这种业务有四大硬伤，赵迎光总结道：①等待时间过长；②经常容易断货缺货；③无法退换货；④性价比不高。

赵迎光经过长时间的思考，决定转变发展思路。2009 年，他提出公司要从“商品进口专家”转变为“时尚进口专家”。第一时间引进最新时尚款式，并根据中国顾客的审美习惯，进行二次设计，然后在国内找代工企业生产，降低成本。与此同时，他开始培养自己的设计师，自主设计服装式样，并与代工企业合作，创造出自主设计、生产、销售的“研产销一体”式链条。

在市场推广方面，韩都衣舍除了运用淘宝已有的推广渠道，还积极采用会员制和“舍友独享优惠”两个优惠制度，聚集了大量的长期顾客。

在品牌塑造方面，创业初的韩都衣舍本质就是韩国服饰代购，但与一般代购不同的是，韩都衣舍从一开始就不标注所代购的品牌，而坚持标注“韩都衣舍”。从代购转为“研产销一体”之后的韩都衣舍依然坚持塑造自己的品牌。

(二)快速发展期

2010 年，韩都衣舍独创的“基于产品小组制为核心的单品全程运营体系”这一独特商业模式，经过市场验证，取得了意想不到的成功。随着销售额的扩大，韩都衣舍的买手团队也逐渐扩大，各个买手团队作为一个独立团队具有快速灵活的优势，对于韩都衣舍的扩张发挥了巨大的作用。

韩都衣舍随后延伸至京东商城、当当网、麦考林、凡客诚品等国内各大平台销售。

(三)稳定发展期

2013 年，韩都衣舍公益项目“无穷花开”正式启动，这是一个韩都衣舍让全中国孩子穿干净校服的美丽计划。韩都衣舍希望借此提升自己在社会公益和社会责任等方面的企业品牌形象。

韩都衣舍一直专注韩风快时尚品牌路线。

2014 年 2 月韩都衣舍收购中老年女装品牌艾莱，发力中老年市场，开始多品牌战略。

2014 年 4 月韩都衣舍正式签约韩国女巨星全智贤为代言人，希望影响全国范围内对全智贤有忠诚度的粉丝，从而将粉丝对明星的好感转移到对品牌的认知上，提升韩都衣舍的产品风格和品牌形象。

四、企业发展综合变化和取得效果描述

2008 年韩都衣舍成立，投资额只有几十万，公司人数只有 17 人，年销售额 130 万，只在淘宝销售，销售群体只针对青年女性。2013 年 8 月，企业员工超过 2 000 人，淘宝网店铺会员人数突破 800 万人；2013 年销售额超过 10 亿元；2016 年营收 14.31 亿元；2017 年营收或近 18 个亿！销售平台延伸至京东商城、当当网、麦考林、凡客诚品等国内各大平台，销售群体范围更加宽广。

【案例分析】

1. 项目选择过程

赵迎光早在韩国的时候就看准了网络女装行业，回到中国创业时中国网络服装市场已经初具规模，但仍然没有比较著名的网络服装品牌。另一方面，当时韩国电影和电视剧正在热播，韩国元素不断进入中国，韩都衣舍定位韩国风格服装顺应了市场需求。

2. 拳头产品或服务特点

韩都衣舍独创的“单品全程运营体系（IOSIP）”是企业利用互联网提升运营效率的一个成功案例，通过买手小组的制度将韩都衣舍打造成拥有众多回头客的形象，让买家每次去看，总有新款推出，总能挑到合适的衣服，并且产品品质和服务品质都还不错。

韩都衣舍的每个买手小组有挑款师、挑款助理、文案制作员、

订单库管员和文员5名，负责诸多韩国品牌的产品动态，从中选出他们认为款式不错的产品，然后进行样衣采购、试销，再根据试销情况在中国找工厂量产。这样就使得产品款式非常多，更新速度很快，产品品质和服务品质都有了基本保障。为了加强对韩国品牌的理解和沟通，韩都衣舍专门设立了韩国分公司。定位于买手制的渠道品牌，赵迎光认为，挑选本身就是一种设计，他们的选款师本来就毕业于服装设计专业，懂韩语，也在根据中国消费者的特点将产品进行适当改良。

3. 核心竞争力分析

韩都衣舍的核心竞争力主要体现在三个方面：品牌定位的差异化优势、海量款式的吸引力、高性价比的消费黏性。

(1)品牌定位的差异化优势　近年，随着韩剧流行，韩国明星在中国频频出镜、亮相，韩式着装被越来越多的年轻消费者认可，韩国服饰销售一直呈上涨之势。韩都衣舍的品牌定位——互联网韩风快时尚，以18～35岁的女性为目标消费者，主要经营韩国风格的女装、女鞋、女包以及配饰，紧扣当下女装市场脉搏，顺应市场需求，也有效构筑起差异化竞争优势。

(2)海量款式的吸引力　淘宝网上最好卖的是女装，淘宝网女装是最成熟的类目之一，但是也是竞争最激烈的类目之一。女装的一个重要关注因素是款式，女性消费者上淘宝网买女装看重的是多元化选择性。韩都衣舍在上新方面做得非常好。全球排名第一服装零售品牌的Zara每日上新量为40款，而韩都衣舍平均每天上新50余款，每个季度新款数量超过5 000款。海量的款式、迅速的更新，为消费者提供了充分的选择，有效吸引了消费者的目光。

(3)高性价比的消费黏性　韩都衣舍的高性价比首先在于商品本身定价的实惠，同时，韩都衣舍还用常规的折扣促销提升重复消费的黏性，拓展用户价值的广度和深度。韩都衣舍目前的常规折扣主要以两种方式进行:会员制度和舍友独享优惠。

4. 主要的营销策略

在品牌策略方面,韩都衣舍采用的是借品牌、树品牌的策略。韩都衣舍本质就是韩国服饰代购,但与一般代购不同的是,韩都衣舍从一开始就不标注所代购的品牌,而坚持标注“韩都衣舍”。韩都衣舍并非代购韩国前 20%的热门品牌,而是主要关注后 80%的品牌。国内同款流通货品鲜有,这大大避免了国内市场的竞争,并且,买家无法确定市场价,韩都衣舍拿到了定价的主导权。

在市场策略方面,韩都衣舍采取了会员制度和舍友独享优惠两种方式来提高消费者的消费黏性。

(1)会员制度　韩都衣舍根据消费者在其店铺的交易笔数和交易金额建立起四级会员制:普通会员、高级会员、VIP 会员、至尊 VIP 会员,不同级别会员可以享受不同折扣特权,并且可以优先获知店铺动态。这在一定程度上提供了消费者重复消费的驱动力。

(2)舍友独享优惠　韩都衣舍旗舰店目前有不少于 600 个旺旺群,聚集了 10 万舍友。所有舍友可以无门槛地享受上新商品或者特定商品的优惠,最大优惠可达 5 折,这是非常具有竞争力的折扣!

正是会员制度和舍友独享优惠,尤其是后者造就了韩都衣舍的高性价比,套牢了顾客的心,在提高销量的同时有效降低了营销成本,为韩都衣舍带来了重复消费的黏性。

5. 主要的盈利模式

韩都衣舍第一时间引进最新时尚款式,并根据中国顾客的审美习惯,进行二次设计,然后在国内找代工企业生产,降低成本。与此同时,他开始培养自己的设计师,自主设计服装式样,并与代工企业合作,创造出自主设计、生产、销售的“研产销一体”式链条。

6. 投资与效益分析

韩都衣舍选择的是网络销售,创业初期需要的成本比较少,而且回报十分诱人，主要体现在：首先，韩都衣舍二次设计服装款式，把握了服装的定价权。其次，在国内找代工企业生产，大大降低了成本。最后，主要在各大网购平台上进行销售，省去了实体店铺租金和铺货成本。

7. 企业在发展过程中所遇到的主要问题（困难）及解决措施

韩都衣舍在发展过程中遇到的问题主要是代工企业和设计师人才的两个“难寻找”方面。在寻找代工企业方面，韩都衣舍做的是快时尚，对供应链的反应速度，要求非常高，济南以及山东范围内，大部分工厂不具备快速反应的能力，发展初期，只能是跑到广州等地，找工厂合作，而且一开始企业规模小，订单少，找到能够配合好的工厂，非常困难。在寻找设计师方面，比较成熟的设计师几乎找不到，只能是从工艺美院等服装专业的毕业生中招聘，然后进行培养。在培养期间，公司需要持续地投入，培养周期比较长，如果要出成绩，至少要 1 年以后。

8. 总结本创业案例的主要经验

（1）创业初就要建立品牌意识，打造自己的品牌。

（2）在品牌定位上，要注重差异化，定好位之后要努力占位，建立并巩固自己在这方面的优势。

（3）在产品数量上要结合消费者特点进行多或少的选择，选择多的话要注意更新的速度要快，选择少的话要注重产品的质量，要做精品。

（4）要采取多种措施，提高消费者的购买体验，提高消费黏性和回头率。

感悟

韩都衣舍的发展速度很快，取得了十分瞩目的成绩，相信今后也会不断发展壮大，但在发展过程中还需要注意以下几个问题：

一是品牌核心价值的问题。品牌核心价值就是品牌能够最终满足消费者某个方面的作用或者说是效用。韩都衣舍的发展，在一定程度上是依靠款式和价格打出的市场，虽然有明确的品牌定位，但是并没有提炼出品牌的基本价值，只是一个具体的品牌形象，而不是真正的品牌价值带动商品销售的竞争。“没空去韩国？就来韩都衣舍！”这句口号更像是从商品出发、自我标榜的主张，并不是以消费者为导向，也没有挖掘出品牌的DNA，缺乏攻克消费者心扉的原动力。所以，要在竞争中保持行业地位，找到品牌独一无二的DNA很关键。只有DNA的输出和认可才能使品牌定位在消费者心中落地生根。

二是多品牌的问题。“韩都衣舍”本身就是一个品牌，后来又增加和收购了几个不同的女装品牌，多品牌发展需要重视的是品牌体系建设和统筹的问题。

三是人才竞争的问题。韩都衣舍的2 000多名员工里，有500多名懂市场、会制作、通语言、专商品的“四位一体”复合型人才，其中，专家级员工就有100多名，每天可以开发100款新商品，每个季度新款数量超过12 000款。但是随着企业发展壮大，目前的人才团队规模是远远不够的，这是需要现在就引起高度重视并采取有效措施解决的问题。

四是销售渠道的问题。韩都衣舍从淘宝扩张到了京东、易趣等其他网商平台，但这些都是线上渠道的扩张，线下渠道的建设基本没有。像美特斯邦威这样的传统线下服装品牌从线下发展到了线上，韩都衣舍也应该考虑建设线下渠道，建设自己的专卖店，通过QQ空间、QQ好友、新浪微博推荐给朋友。

【想一想】

韩都衣舍成功的秘诀在哪里?

【议一议】

1.在市场策略方面韩都衣舍是怎么做的？对我们有哪些启发？

2.如何提高企业的核心竞争力？韩都衣舍是如何做的？

第四节　博兴淘宝村

2016 年第三届全国淘宝村联盟大会在博兴召开，来自全国 15 个省份的 300 余位优秀淘宝村代表、农村电商服务商和研究专家学者们出席了峰会。在大会上，博兴县人民政府副县长曹明发表了题为《“淘宝村”的博兴实践》的主题演讲，在演讲中细致阐明了博兴县下辖 16 个淘宝村的发展历程。

隶属于山东省滨州市的博兴县，地处黄河下游南岸，位于济南省会城市群经济圈、山东半岛城市群和环渤海经济圈三大经济区的结合部，是中国厨都、中国金属板材之乡、中国编织工艺品之都。全县总面积 900.7 平方公里，共有 49.6 万人口，辖九镇三办，1 个省级经济开发区。近些年，博兴县先后荣获中国产业百强县，中国县域产业集群竞争力 100 强等荣誉称号。

淘宝村对当地农村经济的拉动作用十分明显。据了解，目前，博兴县已经拥有 1 个淘宝镇、16 个淘宝村，淘宝商户突破 1 万户，直接从业人员 3 万人，间接带动周边 10. 3 万人就业。2015 年电商交易额达到 320 亿元，其中农村电商突破 10 亿元，从业农民年均增收 5 600 元，带动了 4 100 户低收入户增收、680 名贫困人口实现脱贫。

博兴县淘宝村的兴起，除了雄厚的产业基础外，也离不开县内一批具有高度市场意识和创业精神的草根创业者。

一、网商：返乡青年推动本村电商产业兴起

和山东省其他内陆县域相比，博兴县产业基础十分雄厚，拥有兴福厨具、锦秋草柳编、城东老粗布等6个市级以上特色产业镇和102个特色产业村，“一镇一业，一村一品”特色鲜明。雄厚的产业基础为博兴淘宝村的快速发展提供了丰富而厚重的土壤。2013年，当全国还只有20个淘宝村的时候，山东博兴一个县就有两个淘宝村，一个做草编，一个做土布。

2014年，全国共有212个“淘宝村”和19个“淘宝镇”（拥有3个及以上“淘宝村”的乡镇街道）。博兴县以湾头村草柳编产业和顾家村手织粗布产业为代表的“淘宝村”，以及以锦秋街道（湾头村、安柴村、孟桥村、南陈家村和院庄村）草柳编产业为代表的“淘宝镇”，是该县农村“互联网＋传统产业”发展的一个缩影。

博兴县淘宝村的兴起，除了得天独厚的产业基础外，离不开县内一批具有高度市场意识和创业精神的草根创业者。

博兴县草柳编和手织粗布行业具有悠久的历史。在网上销售大规模发展以前，湾头村的草柳编产品和顾家村的老粗布产品，主要通过外贸渠道销往国外。但随着国家外贸政策的转移和欧美市场萎缩，红红火火的草柳编和老粗布产业遇到了寒流，农村传统手工业产品的外销受到影响，内销则由于受到渠道制约难以为继。

在这一背景下，博兴县从2005年起，一些回乡的大学毕业生开始尝试利用淘宝等电子商务平台网上交易草柳编和老粗布产品，逐步形成了以点带面、辐射带动的发展形势。

80后青年贾培晓就是这一批利用电商创业的返乡大学生的典型代表。据了解，2006年贾培晓在山东东营市创业注册了一家

淘宝店,但由于网店没有自己的主打产品,一开始的生意较为惨淡,后期生意起色了但又苦于一味地被货源提供方压低利润空间。

2008 年,贾培晓和妻子(图 5-4.1)回到家乡湾头村,开始专做家乡的草编工艺品生意。“那时候村里家家户户基本都没拉网线,买电脑的都很少,更不知道啥叫开网店。”作为第一个上网开店“吃螃蟹”的人,特立独行的贾培晓刚开始时没少受到村里人的非议。

图 5-4.1　贾培晓与妻子

不过,随着网店草柳编生意步入正轨,2009 年贾培晓在天猫商城注册了“目暖家居旗舰店”(图 5-4.2),仅 2012 年一年就实现收入三连翻。他也一下子从一个名不见经传的打工穷小子变成了博兴县远近闻名的草编大王。在贾培晓的带动下,湾头村的电商创业人群日益庞大,草柳编淘宝销售也火热起来,村里在淘宝网注册网店的商户也开始迅猛发展起来。目前湾头村“淘宝网”注册用户达 800 余户,天猫注册商户有 30 余家,其中过百万元电商超过 30 家,电商业户人均增收 3 100 余元。

博兴县另一“淘宝”大村——顾家村,以老粗布产业为主。一家名为“棉世纪”的店铺(图 5-4.3)是顾家村较早从事电子商务的家庭商店之一。经营者是一对年轻的大学生夫妻,女老板巩春晓

图 5-4.2　目暖家居旗舰店

（图 5-4.4）是计算机专业出身，毕业后和丈夫曾在北京、济南等地从事设计工作。2009 年他们在淘宝网上开了第一家淘宝店，开始将顾家村里的老粗布制品通过网络销售出去。

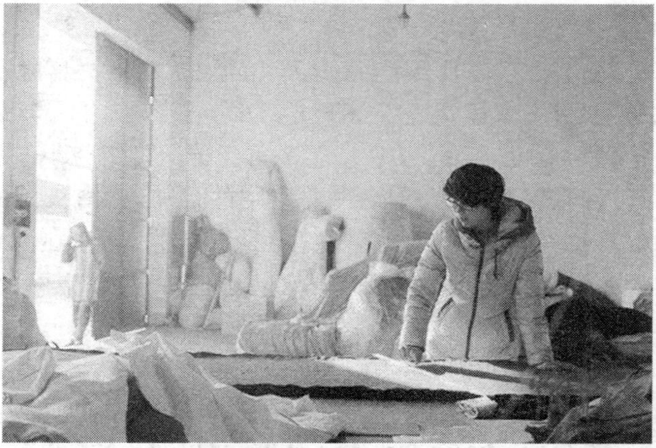

图 5-4.3　“棉世纪”的店铺

图 5-4.4　女老板巩春晓

网店的生意逐渐红火后，巩春晓和丈夫积极改良传统老粗布样式，把自己店内的棉质红围巾卖到了央视春晚主持人的脖子上，还专门为清华国学班学员量身制作唐装。

巩春晓淘宝店铺一系列实践的成功，也带动了这个人口不过 1 423 人的村子依靠电商发展起来。据了解，如今顾家村几乎家家户户都开网店，还吸引了周边村庄劳动力到这里就业，到顾家村围绕老粗布产业链的直接从业人员达到 2 万人以上，相继开发出时装、童装、唐装、床品等系列产品。

通过网商的自发带动效应，如今，博兴县融合加工、销售、服务等环节，进一步对接了更大的电商市场，使得销售空间不断拓宽，实现了产品增值、农民增收。逐步形成了 5 个草柳编“淘宝村”和 1 个手织粗布“淘宝村”，并在此基础上聚集而成了草柳编“淘宝镇”。

二、政府：七大方面助力淘宝村产业集群式良性发展

近两年，随着国家在战略层面上相继出台十余项“互联网＋”的相关政策，博兴县也在进一步打造良好的县域生态环境，努力营造有利于淘宝村快速发展的良好氛围。博兴县政府以资源、人才、创新为抓手，本着“政府合理扶持，不缺位，不越位”的理念，快速打造适宜电商发展的生态环境。

博兴县县长殷梅英介绍：“为进一步推动博兴淘宝镇、淘宝村产业集群良性发展，博兴县政府将自身定位为引导者、推动者、管理者以及监督者，分别从以下七大方面引导本县电商产业发展。”

在政策资金方面，目前博兴县对电商发展格外重视，专门制定《加快电子商务发展的实施意见》等扶持政策，连续 3 年每年安排 100 万元农村电商发展引导专项资金，人才、科技两个 1 千万元资金重点向电商倾斜。扶持重点领域、重点村镇、重点企业特别是中小企业发展电子商务。为推动电子商务建设提供有力资金保障，各金融机构结合博兴实际，根据网上创业不同需求，开展不同层次、类别的信贷产品，提供信贷扶持。

在信息通信方面，博兴县累计投资 2.8 亿元，建设 4G 基站 610 个，实现村村通宽带，4G 移动信号全覆盖，让淘宝店主们随时随地进行网上交易。

在交通设施方面，累计投资 13.2 亿元，连续实施国省道升级改造、农村公路网化及三通工程，新建改造公路 1 300 余公里，农村硬化公路通达到户。

在物流配送方面，引进邮政、申通、中通、菜鸟等 20 多家知名物流快递公司，实现物流配送全覆盖，真正打通农村物流配送“最后一公里”。

在技术培训方面，规划建设县创业大学，整合人社、农业、残联等培训资源，采取政府购买服务的方式，开展点对点技术服务，仅

2015年就举办培训班25期,培训人员2 600余人次,其中贫困人口450人次。今年以来,通过招募培训、农村淘宝专项培训等形式,已免费专题培训1 500余人。同时将农村电商工作列入科学发展综合考核体系,作为定量指标赋予权重分值30分,新增"千县万村"服务站及人才培训等考核指标。

在品牌建设方面,建成运行省级综合检验检测中心,县里统一制定网销产品标准,着手创建区域品牌,每年举办厨具节、编制工艺品博览会,不断提升产品档次和产业影响力;为鼓励创业创新,规划设计了草柳编电商产业园,集中会展、生产、交易、体验、创业公寓等功能,该项目已列入省重点项目。

在电商园区建设方面,为了推动淘宝村规模化、标准化、产业化发展,在博兴县锦秋街道,山东博兴草柳编文化创意产业园即将开工建设,该园在建设投产后,将与顾家老粗布电商产业园和兴福商用厨具电商产业园形成稳定的三角产业集群,将传统文化产业与互联网融合,铺就具有"博兴特色"的电子商务发展之路。

目前,博兴县已初步形成了政府引导、部门联动、企业主体、市场运作、科学管理、服务高效的电商工作机制;构建起了符合市场经济发展规律、具有博兴地方特色的电商发展体系;编织起了以县级为主体,镇、村、企协同发展,宽领域、广覆盖的电商组织网络。

感悟

淘宝村发展的痛点:服务和人才制约农村电商进一步发展

虽然与其他县域的淘宝村相比,博兴县拥有雄厚的产业基础,县域内网商自主能动性强,政府也积极出台相关政策并安排专项资金对电商产业进行帮扶。然而，据博兴县副县长曹明介绍，博兴县的农村电商产业目前存在着服务滞后、同质化严重、专业人才匮乏这三大难题。

“电子商务想要高效运转，越来越离不开快递、仓储、物流、培训、运营等电子商务服务体系的协同发展，不过，博兴现阶段，在这方面还存在着一定的不足。”曹明介绍，以物流为例，博兴的服务费用高，仅快递费用就占到网上销售额的20%。其中草柳编占比高达33%以上，也就是说每销售100元的草柳编产品，就有33元被物流快递占去了。此外，服务效率低，单件货物运输天数省内平均4天，还远远不能满足产品的运输需要。

曹明表示，这种物流状况显然不利于农村电商的发展。为此，博兴也将进一步加大对农村电子商务基础设施和物流布局的建设支持力度。利用好现有邮政、供销社系统在农村的网点资源，加强与知名电商企业的合作，加速布局物流网络和区域仓储节点，为农村电子商务蓄势发展铺好道路。

而除了以物流快递等基础设施为代表的与电商产业息息相关的行业需要配套支持外，发展农村电子商务另一个关键是，需要有一批懂得现代电子商务理念和技术的专业人才。

农村电商准入门槛相对较低，不受时间、地域、资金的限制等为“淘宝村”的发展提供了沃土，但是电商运营、推广、美工等方面专业人才的匮乏，成为制约淘宝村快速发展的一大难题。

曹明介绍，“淘宝村”的兴起，在很大程度上得益于大学生返乡创业及其示范带动。当面对发展农村电商的专业人才缺失等棘手问题时，博兴给出的解决方案是，以政府购买服务的方式，依托经营成功的网商，挂牌成立农村电子商务公共服务中心，为农户提供培训服务、管理咨询、营销推广、技术支持等专业化全方位无偿服务。

现今，在各淘宝村面临下一步发展关口的当下，网商品牌的作用正日渐凸显。根据阿里研究院《2015 年网商发展研究报告》显示，29.8%的卖家 2015 年准备重点发展品牌建设。博兴县也正积极规范和引导淘宝村的品牌建设工作。

不过，由于“淘宝村”模式的电子商务门槛低和可复制性强，大部分网商、网户还是以家庭作坊为主，创新能力不足，产品同质化现象严重，博兴县的草柳编及老粗布产业，因产品附加值低，缺乏核心竞争力等原因，经营随意性大，品牌意识相对淡薄，抵御市场风险能力差，网商之间沟通协调差，缺少设计能力和知识产权保护意识，互相抄袭、恶意竞争现象还比较突出。

目前，湾头村的草柳编和顾家村的老粗布产品线都比较单一，品牌建设的缺乏，也在一定程度上导致了产品同质化，市场恶性竞争难以避免，而这些问题仅靠村民自发行动很难解决。为此，当地政府在这两个村都引导成立了行业协会，让协会去具体承担市场墒情沟通、产品研发和品牌推广、教育培训交流、行业联盟建设等职能，充分发挥其政府与电商之间的桥梁作用，以及行业自律和规范管理作用，成为产业发展的“护航舰”。（来源：电商参考）

【想一想】

博兴淘宝村是如何发展起来的？

【议一议】

1. 淘宝村发展的痛点有哪些？

2. 博兴县淘宝村主要靠返乡青年推动电商产业兴起，我们可不可以？

第五节　无棣电热敷盐袋

热敷盐也称海盐、烘干盐，一般是由海水或盐化物组成，通常是经过海水蒸发、过滤、烘干等一系列过程而制成的。热敷盐常用来做热敷盐包、理疗用品。热敷盐电加热后会产生热量，这些热量对人体有促进炎症消退，解除疼痛，减轻深部组织充血，保暖的作用。

《本草纲目》载：盐有“解毒，凉血、润燥、定痛、止痒、吐一切时气风热，痰饮关格诸病”之功。用盐热敷是古老的中医疗法。热盐的保温性、渗透性强，不仅能将热温渗透体内，同时还能驱除体内的病气、寒气。可扩张毛细血管、增加汗腺分泌、促进血液循环、提高机体新陈代谢的速度。有温经活络、消炎散寒、缓解疼痛等作用。对腰酸背痛、关节炎、慢性胃痛、腹泻、神经痛等也有帮助。以海盐为介质的热敷盐包更具有天然无毒、消炎止痛、舒筋活血、缓解肌肉疲劳之特点（图 5-5.1）。

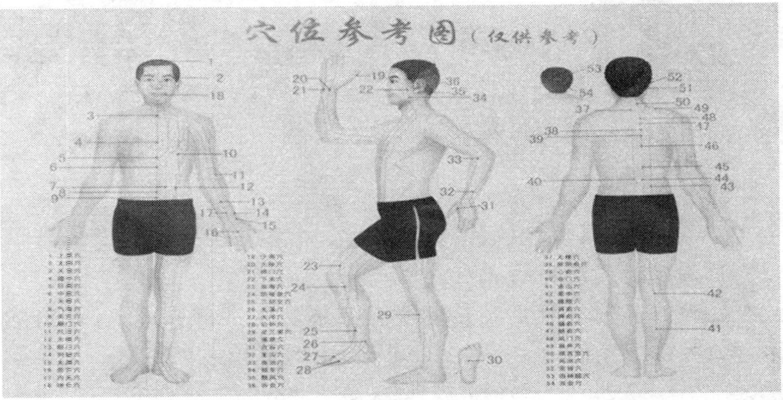

图 5-5.1　穴位参考图

海盐热敷包是借助天然海盐的物理放射作用，通过加热敷在人体皮肤表面上方的穴位实行温灸，渗透肌肤层，通过经络的传导、扶正祛邪、温通经络、调畅腑脏气血，同时刺激皮肤改善微循环并激发人体调节功能，促进软骨关节代谢恢复平衡，从而消除病变，达到理想的目的。

滨州无棣自古以来盛产海盐，煮盐业十分发达，盐除了食用价值以外，还有并不为人熟知的药用价值。有近30年历史的无棣精盐厂根据传统热敷原理生产出了一种电热敷盐（图5-5.2）。同时也带动了当地大大小小的电热敷盐加工厂的发展和网店的发展。

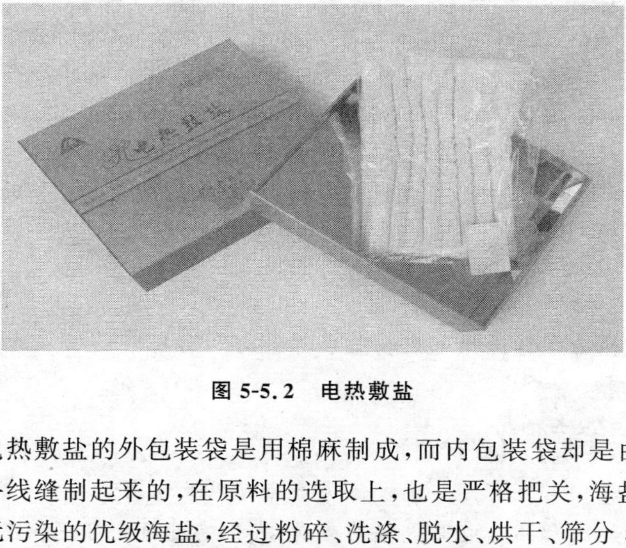

图5-5.2 电热敷盐

电热敷盐的外包装袋是用棉麻制成，而内包装袋却是由人工一针一线缝制起来的，在原料的选取上，也是严格把关，海盐是纯天然无污染的优级海盐，经过粉碎、洗涤、脱水、烘干、筛分5道工序，然后经过质检与中草药一起接受紫外线高温灭菌消毒。

电热敷盐袋是用电加热的产品，不用像以前手工加热那么麻烦，一个盐袋子可以反复用400次，简单好用。

近年来，随着“互联网＋”品牌战略的兴起，无棣县销售电热敷盐袋的网店发展到40多家，天猫店6家，2017年日销量1 200

多件，年销售额达525万元，从而带动了无棣县域经济的发展（图5-5.3）。

图5-5.3　产品热销

【想一想】

无棣为什么选择电热敷盐袋作电商产品？

【议一议】

1.我们当地有哪些地方优势产品可以做电商？

2.健康产品作电商更容易成功，我们有健康产品吗？怎么做？

第六节　“电商玫瑰”牛庆花

种地、养猪、带娃，曾是蒙阴县野店镇北晏子村今年33岁的牛庆花生活的全部。一个偶然的机会，让牛庆花“意外”走上了电商之路。经过两年的打拼，牛庆花不仅自己成功创业，还通过“一店带一户”“一店带多户”的辐射带动，帮助建档立卡贫困户农特产品网销金额 10 多万元，实现带动贫困户 16 户，带动贫困人口 24 人，人均增加纯收入 2 400 元，被父老乡亲称为绽放在山村的“电商玫瑰”(图 5-6.1)。

图 5-6.1　“电商玫瑰”牛庆花

前几年，牛庆花一直在家养猪，效益不好，赔了钱。2015 年又贷款承包了 10 多亩苹果园，苹果喜获丰收，可是行情不好。眼看着苹果就要烂在地里，一年的辛苦又要白费，就在牛庆花着急上火的时候，桃墟电子商务中心的负责人王敏找到了她。

此后，牛庆花每天骑电动车走 50 多里路，赶到桃墟电子商务中心接受免费培训。在中心人员的指导下，她开起了自己的网店——“孟良崮果园”。网店开张后，刚开始一天只有三五单生意，慢慢地，牛庆花依靠过硬的质量、良好的信誉、热情的服务获得了客户的支持，好评率一路攀升。发展到后来，每天有近 500 个订单，她的苹果有了销路。“原来以为烂在地里的苹果，短时间内就都卖出去了，还能帮着其他村民卖。”牛庆花说。在家门口守着一台电脑就能把产品卖出去，而且价格比普通市场高，这让她更坚定了做电商的信念。

牛庆花常说“好东西不能总是养在深闺”，要走出去“抛头露面”。因此，牛庆花将店铺定位在让沂蒙山的优质农产品走出深山、走向城里人的餐桌，主要销售蜜桃、苹果、板栗、地瓜干、玉米、小米、煎饼等 20 多种土特产。从一名普通的养殖户到现在的淘宝掌柜，牛庆花深知生意要想经营得长久红火，没有真功夫是不行的。为保证孟良崮果园产品的质量，她亲自到桃园检测蜜桃的含糖量，挑选最优果品，仅半年的时间就让她积累了超高的人气，仅 2015 年一年营业额就达到 400 多万元。在蜜桃销售旺季，月销售量达到 20 余万斤，平均一天销售 6 000 多斤；在苹果销售旺季，月销售量达到 12 万斤；在花生销售旺季，月销售量达到 5 万多斤（图 5-6.2）。

图 5-6.2　牛庆花的网店“孟良崮山里的果园”

一枝独秀不是春，百花齐放春满园。“家乡的土地把我养大，家乡的特产让我致富。因此我要加倍回馈家乡的父老乡亲。”牛庆花决定尽自己最大的努力回馈父老乡亲，帮助贫困户早日脱贫致富，过上好日子。除了自家自产自销外，她的货源均是周边村民供应的。

今年年初，牛庆花成立了自己的果品合作社——蒙阴孟良晏园农副产品有限公司（图 5-6.3），高于市场价收购贫困户的农副产品在网上销售。目前，已有 50 多户农户加入合作社，并带动了尹家圈、新盛、南晏子等周边十几个村庄的果品销售。同时，牛庆花还与贫困户签订用工协议，为贫困户及其子女提供收购、分拣、包装等岗位，帮助他们就业增收，实现早日脱贫。

图 5-6.3　蒙阴孟良晏园农副产品有限公司介绍

“一方面为乡亲们提供相应的工作岗位，尤其是一些贫困家庭因身体原因不能外出打工的，在这里一个月可收入 2 400 块钱；另一方面收购贫困户的桃子、苹果等农产品，每斤比市场价高出五到八毛钱。"说起网店的带动作用，性格直爽的牛庆花语气铿锵有力。今年65岁的北晏子社区村民张纪菊高兴地说："俺在小牛的淘宝店干得挺好的，活不累，一天能挣80块钱，还能照顾老伴。"

截至目前，牛庆花已为10户贫困户及其子女优先提供了就业岗位，贫困户子女在这里就业的，除了正常工资外，合作社还另外拿出400元予以帮扶贫困户。同时，利用镇电子商务服务中心举办免费培训班，培训困难群众60余人，帮助烟庄、新盛、大山等村有发展电商意愿的18户贫困户开设了网店，牛庆花个人被中国电子商务协会授予"电商新农人"的光荣称号(图5-6.4)。

图5-6.4　中国电子商务协会授予牛庆花"电商新农人"的光荣称号

蒙阴县扶贫办主任张广宝介绍，目前全县网商微商达到1 300多家，电商从业人员2.3万人，今年前三季度实现电子商务交易额17.2亿元。该县正在开展"百家电商帮扶贫困户"活动，通过加大政策扶持和引导力度，发动全县100家网商微商，联系100个贫困村、200个新型经营主体，带动和帮扶1 000户贫困户销售农副产品，参与电商产业链就业创业，实现脱贫致富，现已有32家电商与

248户贫困户进行结对帮扶，使贫困户通过参与电子商务或为电子商务提供产品等方式增加收入。

【想一想】

"电商玫瑰"牛庆花对我们有哪些启发？

【议一议】

1."女人作电商更容易成功"，你怎么理解？牛庆花是如何做到的？

2."一枝独秀不是春，百花齐放春满园"，牛庆花是怎么带动群众致富的？

第七节　多渠道销售农产品

58岁的栾建利干过教师，种过果树，也经营过冷库，一直在做着线下的生意，日子过得很滋润。2015年初，栾建利一个偶然的机会结识了在广东打拼多年的王志成和姚智鹏两个年轻人，从而融入微商渠道。于是3个人在烟台建立了烟台裕康生态农业有限公司，谋划通过电商将当地特产大樱桃、网纹瓜、白黄瓜、海蛎子卖出去。

2016年4月，他们参加了由山东电视台、山东省林业厅、京东商城、省农科频道等单位联合举办的"樱桃红了之群樱汇微电商樱花节"，因此一炮走红，他们的樱桃产品销售量大增。之后京东商城、淘宝、天猫、山东电视台、《时尚汇》、农友会等大大小小的30多个平台先后向他们伸出了橄榄枝，建立起长期的合作关系。

同时，王志成还与广东农商银行进行了合作，利用银行的客户资源建立起了电商平台，结合积分兑换产品活动，让用户在不花钱或者少花钱兑换商品的诱惑下认知了产品，销量大而且价格有保障。现在信用卡和银行卡使用非常普及，他们又与工商银行合作，产品在“融 e 购”上线，获得了更多用户的认可，拓宽了市场渠道。

微商卖产品核心是供应链！栾建利、王志成和姚智鹏以产品为源头建立起了供应链团队，比如，白黄瓜电商供应链团队、牡蛎电商供应链团队。通过供应链团队确保了源头把控、品质把控，微商与高品质农产品的无缝嫁接是他们成功的秘诀。

【读一读】

如何搭建多渠道销售？我们认为必须有这 3 个核心：

1. 优质渠道：这个渠道必须要有销货的能力，不能快速把农产品推出去的渠道都很难形成爆款。因此，农业老板们必须要与用户基数大、流量大的渠道平台合作。

2. 建立完整的供应链团队：渠道不乱与很多因素有关，除了定价策略之外，更核心的就是农产品质量、品质。

3. 多点开花：单一渠道销售的确会遇到很多问题。这个时代需要多点开花，未来营销必须走线上、线下相结合的道路。

【想一想】

烟台裕康生态农业有限公司是如何借助互联网卖农产品的？

【议一议】

1. 搭建多渠道销售才是王道，栾建利他们是如何做到的？

2. 我们当地有哪些土特农产品？可以借助哪种渠道卖出去？

第八节 微博销大米年销售额200万元

计波,出生在黑龙江省五常市,父辈都是靠种植大米为生,而他通过微博销售家乡的五常大米,2016年还举行了首届五常大米网络文化节,让全国各地的60多位网友齐聚五常,为五常大米打开了销路,年销售额近200万元。

1.接触微博,决定网上销售

五常盛产的大米全国闻名,计波从小是在农村长大的孩子,他从记事起,家里就开始种植水稻。那时候,父母家里自己种植的五常大米质量虽好但销售难,送给米业销售,价格更低,父母他们辛苦一年却赚不到几个钱。

2012年偶然的机会计波接触到了微博,在微博上玩了一段时间后,他发现微博是可以做营销的。于是,2013年他就有了一个想法,想把自己家的大米,搬到微博上去销售。

说起来容易,做起来特别难。在微博上与网友互动、结缘有半年的时间,收获很小,在2013年上半年忙活了半年却只卖出了20斤大米。

2.主动参加线下活动,结识新农友

后来他发现微博营销不完全是靠线上营销,线上和线下是分不开的。应该积极参加线下的活动,所以在2013年计波参加一个网友组织的萝卜节的活动,从活动上认识了好多在微博上的农人,从他们身上学习到了很多知识,开拓了自己的视野。

经过这次活动,他逐步理解到微博营销重点不是在线上,而应该在线下,先在线下活动与人结缘,再到线上交流就会形成铁粉,在线上组织活动的时候就会有很多人帮助你,购买了你的产品后,就会在微博上进行晒单,这样才会引起其他人购买。在2013年下半年,新米下来的时候,计波家的米仅仅用了两个多月就通过微博销售一空。

3. 好米得到认可，源于严控大米品质

为了从源头上控制五常大米的质量，计波在水稻种植上进行了严格管理。

(1)种子保真　水稻品种为稻花香二号，这是五常最好的水稻品种，其研发培育者是五常人田永太先生，他被称为“稻花香之父”，袁隆平解决了南方水稻的产量，田永太解决了东北水稻的质量。他在种子上保证了种子的纯度，从而保证了当地五常大米的质量。

(2)古法耕种　自己亲自下地种植水稻，从源头上就杜绝了假五常大米产生。水稻从选种、育苗、插秧、田间管理以及收割都是人工参与管理。采用人工收割的好处是，最大限度地使水稻完全成熟，保证了水稻的生长期；并且收割后，在田里还自然风干10到20天，这样就降低了水稻的水分，使得加工后的大米达到最佳的口感和香味。

(3)先进加工设备　加工精细，碎米率低，无病斑粒，腹白米少。(碎米和杂质米会影响大米质量，也会提高大米的成本)。米粒整齐，品相好，最大限度地保留了大米的营养成分。

4. 做好品控，成立合作社

在2014年的时候，计波和朋友合作一起成立了一家水稻农民专业合作社，和农民一起种植水稻，统一购买种子、肥料，有专门的技术人员进行水稻种植技术指导，从源头上控制了五常大米的质量。合作社一成立种植面积就达到800多亩，计波给合作社成员的水稻价格都高于当地市场价格，极大地调动了合作社成员种植水稻的积极性，增加了他们的收入。

5. 首届五常大米网络文化节，打响销售大门

乔布斯开创了iphone发布会模式，人们彻夜等待乔布斯给这个世界带来惊喜。自此以后，各大商家也纷纷效仿，手机、汽车，甚

至一台电风扇召开新闻发布会已成惯例，除了科技领域，其他行业有模仿价值吗？那么农产品能这么玩吗？计波做到了。

为打造五常大米新的网络品牌形象，在 2016 年 8 月 18 日，计波举行了首届五常大米网络文化节，全国各地的 60 多位网友齐聚五常，其中包含了很多微博上的营销大咖张利、牛中东等微电商达人、知名导师、央视东方名家、北京大学、清华大学等大学 EMBA 讲师，进行农产品网络营销交流学习，进一步带动了当地年轻人从事农产品电商的积极性，让更多的人真正地接触和了解了五常大米。

在五常游览了他们的水稻种植基地，了解了水稻种植过程，品尝了东北特色美食，同时网络营销大咖分享交流电商营销干货，开拓五常大米农产品新路子。

这次两天的活动组织得非常成功，微博话题阅读量半个月的时间达到了 1 500 万次，累计讨论量超过 5 000 条，大大超出了计波的预期。新浪网、网易、五常电视台、黑龙江电视台等多家媒体进行了跟踪报道，特别是黑龙江电视台在黄金时间的新闻联播上播出。

在 2016 年夏天，得知网络大咖黄刚老师来到黑龙江，计波拜访了黄刚老师并进行了深入的交流，黄老师的人格魅力深深地感染了计波，他从此加入了农特微商平台，同时也得到了黄老师的指导，还很荣幸地参加了 2016 年农特微商的年度颁奖大会并获奖。

6. 不断迭代创新，预售＋定制满足消费者不同需求

目前，计波五常大米的客户稳定并逐步增加，因此计波就采用了预售＋定制的模式，从大米插秧、选种、育苗、田间生长的时候，计波就会在微博上发布照片、视频，让消费者更好地了解大米的成长过程，采取场景化营销，让消费者吃得放心。

此外，针对大公司的客户，计波还推出定制的包装，有礼品装、

普通装等，满足不同消费者差异化需求，计波的五常大米出厂时还采用真空包装，设置 5 斤、10 斤等不同规格，能够让用户保证开袋后的大米能在短期内吃完，尽量保证大米的新鲜。为了携带方便又不失美观，创新性地在包装上开了一个手撕小口。目前，很多公司、代理都在跟计波合作。计波说：预计今年的销售额会突破 200 万元。

【看一看】

计波的微博营销技巧

粉丝互动：计波会不定期在微博上跟粉丝互动，转发抽奖送“五常大米”的活动增强了粉丝的黏性。

借力借势：计波会主动在微博上跟一些行业大咖互动，转发评论他们的观点。

不定期直播：直播对农产品而言是个很好的方式，让消费者更加了解“五常大米”的生长环境，放心购买。

热点引流：微博是个相对开放的平台，互动性很强，微博热点也备受大家关注，计波也会抓住热点去跟粉丝互动营销。

农友互动：还有，计波也会跟其他农友互动，帮他们转发，学会抱团。

如今是个性化炸裂的时代，可持续发展的网红、标签效应，很容易引发大众的强烈关注和支持。所以，我们一线农创人在销售农产品时，不能太低调、太沉默，要大胆挖掘出自己身上独特的网红基因，再结合品牌，广泛积累粉丝、主动混迹社群、巧妙借势大佬等，学会微博、微信营销，一定也能在农产品营销中玩出不一样的精彩来。

【想一想】

本案例计波玩微博营销的哪些方面值得你学习？

【议一议】

1. 微博营销有哪些技巧？我们该如何做？

2. 我们当地有哪些土特农产品可以借微博平台销出去？

参考文献

[1] 王世祥.农产品电子商务.天津出版传媒集团,2016.
[2] 史安静.农产品质量安全与市场营销.金盾出版社,2017.
[3] 史安静.怎么做好休闲观光农业.金盾出版社,2017.
[4] 史安静.农产品质量安全与提质增效.金盾出版社,2016.
[5] 张晨光.农村电商发展指导.天津出版传媒集团,2016.